從中央支配到地方自主：日本地方分權改革的軌跡與省思

From Central Control to Local Autonomy: The Track of Decentralization Reform in Japen

陳建仁

airiti press

謹獻給我的恩師　安世舟教授

謹んで恩師　安　世舟教授に捧げる

For Prof. Seishu YASU

自　序

隨著全球化與民主化思潮的發展，傳統中央集權體制實已難以對應，因而民主先進國家開始逐步推動地方分權改革。其目的在於，透過地方分權的改革落實地方自治與建構市民社會，從而促進民主深化與治理能力。亞洲民主諸國當中，日本是率先進行地方分權改革的國家。這場被稱為繼明治維新與戰後改革之後的第三次政治體制大改革，嘗試著促使日本的地方自治團體脫離中央支配的傳統模式，轉而邁向自主自立的道路。

1997 年至 2000 年，日本第一次地方分權改革依據輔助性原則與基層自治體優先原則，廢除中央及上級政府的委辦事項、取消中央部會的積極監督權、成立中央與地方權限爭議的中立仲裁機關、以及進行各種權限下放政策，從而實現地方自治體在行政上的自主自立。自 2000 年起迄今，仍是現在進行式的第二次地方分權改革，則希冀透過「三位一體改革」與「市町村合併」，以達成地方自治體在財政上的自主自立的目標。然而，後者雖頗具成效，但前者距離原始構想卻有相當的落差。至於目前仍屬規劃階段的第三次地方分權改革，主要以「道州制」為焦點進行各種藍圖規劃，從而達致都道府縣的大區化、廣域化、乃至於聯邦化的未來日本國體歸趨之構想。

單一制民主政體，特別是大陸法系國家的地方分權改革，可謂是國家與社會整體的權力結構與思想觀念的大改造，其政治變動的劇烈程度絲毫不亞於民主轉型。在民主與治理的前提下，重新建構中央與地方的對等協力的夥伴關係非屬易事，中央支配的向心力與地方自主的離心力的拉鋸互動無疑是殊值注意的焦點。在歷時十餘年的日本地方分權改革的決策與執行過程之中，中央集權的歷史慣性之制約依然隨處可見，完全地確立地方自治體的自主自立之目標仍尚待時間的考驗。然而，日本朝野對於國家體制改造所傾注的熱情信念與疲心竭慮的構思規劃，卻是開闢了與過去中央集權傳統迴異的地方分權之民主道路，從而成為民主國家改革方向的道標之一。對於同是大陸法系單一制民主政體的台灣而言，未來無論是推動民主深化或是協力治理的政治改革上，日本的地方分權改革經驗將深具啟迪之意義。這是筆者何以撰寫本書之初衷。

本書得以順利付梓，與下列眾人的鼓勵及協助密不可分，筆者在此誠摯地衷心感謝。首先，深深感謝學術界與東海大學政治學系的師長、先進、同仁、以及朋友，長期以來對筆者的指導與包容。第二，感謝協助本書的資料蒐集與格式校正的本系同學。第三，感謝華藝數位股份有限公司各位編輯的熱心協助與配合筆者的各種無理要求。第四，感謝一直以來默默支持筆者的父親陳進成、母親吳錦雲、內人吳姁穗、以及兒子粲元。最後，藉此滿懷感謝筆者負笈日本求學的恩師安世舟教授，希望能夠藉由本書表達劣徒的一份寸心。

陳建仁　謹誌

2010 年 11 月 20 日

台中・大肚山麓

目　次

第一章

前言

野心必須用野心來對抗……

不同政府將互相控制，

同時各政府亦將被自己本身控制。

——J. Madison

實難想像完全放棄自治習慣的人們，

能夠妥善遴選出治理他們的人；

也難相信處於奴隸狀態的人民，

可以選出一個自由、積極、睿智的政府。

——A. Tocqueville

第一節　地方復權的時代

地方分權(decentralization)是現代民主國家發展的偶然副產物。對於主張人民主權與普通選舉的民主化(democratization)而言，地方分權僅是必要條件之一而非充分必要條件；而對於標榜中央集權與理性官僚的現代化(modernization)而言，地方分權更是破壞國家完整與阻擾命令貫徹的禍首。[1]因此，當某一國家推動現代化與民主化時，地方分權往往被視為多餘且無益之選項而受到輕忽。然而，隨著民主思想的演變與世界環境的遞嬗，越來越多的民主先進國家發現，如果要進一步深化民主，則有落實地方自治之必要；而如果要進一步落實地方自治，則不得不推動地方分權改革(e.g., Tocqueville, 1993: 47-48; Kelsen, 1949: 312; Dahl & Tufte, 1973: 225; Lijphart,1999: 147)。究其原因在於，首先，在社會的層面上，民主體制的鞏固與深化有賴於一個自發且穩健的市民社會(civil society)，而市民社會則需要透過地方自治予以培養，因此就有推動地方分權改革以構築真正的地方自治之必要。其次，在經濟的層面上，伴隨著全球在地化(glocalization)與新政

[1] 本書所指的近代化或現代化係指伴隨產業革命的工業化，以及相對應的政治制度變遷；而民主化則是指從其他政治體制轉換為自由民主體制的過程。亦即，現代化並不等同於民主化。例如，S. Huntington 在《Political Order in Changing Societies》中曾指出，後進國家能否在保持政治秩序的穩定下進行現代化的成功要件，取決於政府的中央集權程度；相反地，帶來政治秩序穩定的現代化，亦會促使人民提出更多的政治要求，反而導致政治秩序的混亂(Huntington, 1968)。換言之，經濟現代化可能同時促進政治民主化與中央集權化，但卻後兩者卻容易彼此相斥。然而，值得注意的是，亦有學者認為現代化即是經濟工業化與政治民主化的總稱（e.g., 松下圭一，1991, 1995）。

治經濟學(new political economy)的小而能政府思潮的興起，不僅挑戰著過去主張福利國家(welfare state)與計劃經濟的大有為政府思維，同時逼迫著中央支配主導的傳統國民國家讓位。[2]最後，在政治的層面上，由於過度追求中央集權(centralization)與萬能政府(omnipotent government)而產生的民主赤字(democratic deficit)與政府失靈(government failure)，致使人民對於政治普遍存在著不信感與冷漠感，此突顯出臃腫僵硬的行政系統已經達到侷限之困境，因而民主國家有嘗試調整政府規模大小之必要(Gordon Tullock, et al., 2002: 143-154)。換言之，隨著公共事務的日益龐雜繁瑣與國民自主意志的漸次提升，中央支配型的政府形態實已無法靈活對應國際與國內情勢；因而重新調整中央與地方的關係，推動權力下放(devolution)與落實地方自主(local autonomy)的改革，以解決擁腫僵硬的利維坦問題，業已成為世界民主先進國家之要務。職是之故，地方分權已不再是民主體制的蛇足，「地方復權的時代」儼然來臨。

在亞洲各個國家當中，日本是最早對於地方分權改革做出回應的單一制民主國家。眾所皆知，亞洲並不如歐洲般擁有多極共

2 事實上，地方分權與民主發展的相關性理論並非純粹是右派的專利品。K. Marx 與 F. Engels 即認為，共產主義的理想社會中，國家權力對於社會關係的干涉將變為多餘而不得不自行停止，因而中央集權的國家機器(staat als staat)會逐漸衰亡消逝，此即著名的「國家消亡論」(Absterbens des Staates)。其後，V. Lenin 在《國家與革命》第 5 章中，將此概念轉換為受統治階級支配的國家不會自行消亡，而必須透過無產階級革命的強制力量予以廢除。後者的說法，反而強化了共產主義國家的中央集權傾向，而成為日後軀幹龐大的萬能政府的濫觴（柳春生，1966: 159-163）。

存的歷史傳統，相反地，大一統、一極集中、以及人倫從屬等上下主從式的家父長主義權力結構方是曩昔的政治主軸。位處東亞邊陲的日本，自不例外。近代日本可謂成亦中央集權，而敗亦中央集權。明治維新的中央集權曾協助日本迴避了列強西漸的亡國滅族的危機，並一躍成為後發先進國家，但與之伴隨而來的軍國主義與帝國主義的崛起，終究將日本全國化為焦土煉獄；第二次世界大戰後的中央集權亦曾協助日本迅速地從瓦礫堆中再度出發，創造了國民總生產毛額世界第二的經濟奇蹟，卻也因為中央支配的肥大僵硬的政治結構與官僚體制，導致了這個經濟大國長達二十餘年的「經濟不況」（不景氣）與「政治不安」，至今未怠。[3]為了清償中央集權構造的沉重債務，並且挽救日益衰退的政府財政赤字以及人民對政府的信任危機，日本自 1990 年代以降開始逐步啟動一連串的行政改革。其中，亞洲各國前所未聞的地方分權的民主改革，便是最受矚目的重頭戲。無疑地，有鑑於國家肥大化、政府低效能、財政赤字高漲等各種現代國家的政治弊病與中央集權體制的密切關係，加上人民自治意識與地方自主意識的抬頭等因素，致使日本將地方分權改革定位為當下政治結構改革中的重要支柱，而期待藉由「地方活化」與「社會活化」而刺激「國家活化」，以解除泡沫經濟崩潰後的政經危機，並進一步深化民主文化。因此，日本的地方分權改革被視為繼承「明治維新」

[3] 晚近，日本若干知識分子習慣以「官製不況」一詞，來形容因為政府的法律與行政措施的積極作為與消極不作為，而導致對日本整體經濟產生惡性影響之現象（e.g., 日本経済新聞社編，2001；門倉貴史，2008）。

和「戰後改革」之後的第三次大改革。

日本的地方分權改革並非單純是國家內部權力結構的改變，更是一場國家與社會的思想觀念的洗禮。中央與地方關係(central-local government relations)向來是離心力與向力心的關係，當地方自治體的離心力較強時，地方分權程度較高；當地方自治體的向力心較強時，則中央集權程度較高。前者可能導致分裂割據的局面，而後者則有可能暗藏通往極權政府的道路。乍看之下，兩者似乎並無決定良窳之定論。然而，綜觀世界各國推動現代化工程之時，中央集權往往成為唯一的首選。究其原因，國家現代化主要目的在於克服兩個難題，分別為振興經濟上的產業發展與解決政治上的內憂外患，故有必要消滅地方的封建諸侯或是壓制多元的抵抗勢力，以凝聚全民意志與統合國家資源，進而建立由代表國家意志的理性官僚系統掌控中央與地方政府的金字塔型權力結構的國家。然而，隨著地方自治與民主發展的正相關性的研究發現陸續問世，中央集權與自由民主體制的相互矛盾日益顯露。毋庸置疑地，中央集權的統治形態容易將當代民主體制內包的自由、多元、寬容、自決等構成要素抹滅，從而淪為虛飾形骸的民主國家乃至於兵營監獄的極權國家。在此情形下，自1985年揭櫫「輔助性原則」(principle of subsidiarity)的《歐洲地方自治憲章》(European Charter of Local Self-Government)發表以來，「去中央集權化」(de-centralization)已成為大多數的現代民主國家，特別是單一制國家(unitary state)的重要課題。對於日本而言，地方分權改革所代表的意義，亦同樣並非單純是剝奪中央行政機關的統治權力，其更深層的意義係回應上述的民主深化課題。進而言之，日本希冀透過地方分權改革同時強化地方自治體與市民社會的權能，在促進人民自立自主的前提下，重塑國家由下到上整體的民主體質與善治(good governance)視野。

過去，地方分權被認為是歷史的特殊產物，甚至是為了形成統一的主權國家而不得已行之的妥協政策，故難以已透過政治制度改革來推動。同時，大多數的現代民主國家皆是從絕對王權、威權統治、抑或是極權主義政體轉型而來，深受中央集權的歷史慣性之支配，致使地方分權更受到漠視。在此情形下，台灣學界亦在傳統上將聯邦制國家與地方分權國家劃上等號，從而徹底否定單一制國家實施地方分權的可能性。直至二十世紀末，諸多民主先進國家方幡然醒悟，以歐洲為首的單一制民主國家紛紛進行地方分權改革，以對應全球在地化與自由民主化的浪潮，與台灣最相近的日本亦不例外。有鑑於台灣目前尚未有系統化介紹日本地方分權改革的專書，因此本書以歷史制度主義(historical institutionalism)為研究途徑，探討日本進行地方分權改革的歷史背景、決策與執行過程、制度設計與內容、以及其問題點。對於以自由民主國家為目標的台灣而言，地方分權改革將是未來必須正面對應之課題。希冀透過本書之初探，能夠提供台灣日後改革之若干啟發。

第二節　為何要研究日本地方分權改革？

過往，中央集權國家在未有外部力量威脅的情況下，自主進行地方分權改革的案例並不多見。事實上，綜觀世界各國，單一制民主國家的地方分權改革的歷史鮮有超過 30 年之案例。[4]對於政治科學而言，這是一個嶄新的研究領域。一方面，地方分權改革可以歸類為比較制度與地方自治的分野，而另一方面依據其本質卻可歸屬於民主化研究與國家社會學的範疇，其內容龐雜且冷僻。雖說如此，日本地方分權改革研究的重要性，仍是可以分別從地方分權、單一制民主國家、以及日本研究等三個層面敘述之。

首先，地方分權研究的層面。日本學者曾經歸納指出，地方自治、地方分權、以及民主政體不可分的關係的理由主要如下：（一）獨裁專制的防波堤。無自由之地方自治體則無自由之國度，當一個國家的國民習慣於自由自主的政治文化，則因「逃避自由」而出現專制獨裁政府的溫床將無由產生。正如《聯邦論》作者之一的 J. Madison 嘗言：「野心必須用野心來對抗」，國家權

---

[4] 孫文在 20 世紀初期提出的「均權制」，在理論上原本可視為地方分權的單一制國家體制的嘗試，然由於在實務運作上存在下列的問題，因而難以稱為地方分權改革：（一）均權側重事務的「分工」(deconcentration)，而非中央與地方權力之對等劃分；（二）中央擁有事務分配的最後決定權，地方自治體的地位缺乏保障；（三）中華民國憲法規定的均權制相關條文，實質上僅是「土地管轄」範圍的規模而非「事務管轄」的分割劃分，其本質仍是「中央優先、下降分配」。因此，均權制雖有其他單一制國家罕見的地方權限的憲法授與之模式，甚至被稱為「準聯邦制」，但本質仍未脫離大陸法系國家的「多層式事務分配方式」（薄慶玖，2001: 7, 105-106；張正修，2003b: 279-281；蔡茂寅，2006: 110, 146）。

力的制衡，除了中央政府內部的立法、行政、以及司法的水平的權力制衡之外，亦必須存在中央政府與擁有地域主權的地方自治體之間垂直權力制衡，以防止國家權力恣意侵犯個人；（二）政治的地域性實驗。當地方自治體能夠多元自主地運作時，由於彼此得以自行設計不同的政治制度，故一方面能有競爭比較的益處，制度優者其他自治體能夠模仿學習，劣者則影響僅限於一地；另一方面，則可因地制宜地採取適合當地的自治方式，不受中央的劃一主義之限制；（三）民主政治的學校。自 A. Tocqueville 觀察美國的民主體制以來，地方自治對民主體制之裨益實已成為定論。[5]地方自治體藉由公共的義務與責任的實踐，使居民及從政者能夠從中學習公共精神和權利義務，這種民主訓練能夠形塑公民社會與文化的形成，從而鞏固民主國家的基盤；（四）民主的社會改革。高度的中央集權國家往往權力集中於中樞的少數人手上，因而在無形中提供了中央流血政變的誘因。亦即，策劃政變者只要能夠掌握少數者即可掌握全國，其成本與風險低廉。然而，在落實地方自治的國家之中，僅僅奪取中央的權力仍無法控制整個國家，明顯地缺乏實際成效，政變成本相對提高，因而得以預防流血政變的發生。在此情形下，落實地方自治的國家的政治改革在很大的程度上，被限制於必須透過地方自治體的選舉機制，逐步推廣到全國的體制內溫和民主改革的範圍內，故其改革

5 「地方共同體是自由人民力量之所在。地方制度(local institutions)之於自由，恰如小學之於學問；這些會議將自由帶到人們所能觸及的範圍，教人怎樣享用和行使它。」(Tocqueville, 1835: 29)。

成本相對降低且社會秩序相對穩定（磯村英一、星野光男編，1990: 10-16）。無疑地，上述的地方自治，必須建構於地方分權體制的基礎之上，反之則無法落實增進民主之成效。也因此，對於所有民主國家而言，地方分權將是其民主深化所必要之配套措施。此是為何研究日本地方分權改革的首要理由。

其次，單一制國家研究的層面。傳統的觀點咸認，單一制國家即是中央集權國家。由於單一國的中央政府是主權的唯一行使者，國家主權優先於各個行政區劃。在行政一體的金字塔結構中，地方自治與地方官治並無二致，僅能在中央政府劃定的權限與財政範圍之中遊走，其生殺予奪的支配權仍由中央掌握。[6]然而，如前所述，晚近歐美日民主先進諸國無不開始正視包含官僚體系肥大化與中央政府低效能等民主弊病，特別是《歐洲地方自治憲章》公布後，諸多單一制民主國家開始逐步推動地方分權改革，傳統的觀點已無法應付地方復權時代的潮流。以「地方自治的母國」的英國而言，1997 年起，A. Blair 的工黨政府開始推動地方分權改革，除了重新調整中央與地方的關係之外，並盡其可能地將國防外交之外的權力下放至新設的第一級地方自治體（蘇

---

[6] 薄慶玖(2001: 5)指出，地方自治「既稱地方，可見它不能享有主權，因此必須接受國家的監督」。同時，張正修(2003: 3)亦認為，「將統治權分給地方自治團體的即是所謂的地方自治，而將國家統治權分給聯邦支分國的是聯邦制」，亦即地方自治是單一國的產物，聯邦制不存在地方自治團體，其用以區分地方自治的統治權與邦政府的國權。然而，為求地方分權論述的簡潔與地域主權的釐清，本書則直接定義地方自治為「由地方自主處理該區域的公共事務」，並不將地方自治嚴格視為單一制國家的專屬產物，亦不認為地方自治事務必須接受中央政府的適當性監督與統籌指揮，無論其擁有自治權力來自憲法或法律授與。

格蘭、威爾斯、以及北愛爾蘭議會），以回應輔助性原則和迴避分離運動。[7]雖然 Blair 的政治改革在後期飽受批評，但地方分權改革至今仍是英國重要的國策，此點可以從英國內閣目前仍設有地方分權與規劃政策部長一職(Minister of State for Decentralisation and Planning Policy)得到證明。法國向來被視為高度的中央集權國家，然而其卻是歐洲各國當中銳意致力於推動地方分權改革的國家之一，自 1982 年起斯國著手制定《地方分權法》等相關法律，並在 2003 年進一步以此法的精神和輔助性原則為主軸，進行大幅度的修憲。其中，憲法第 1 條即增列將法蘭西共和國組織定位為「分權化」(décentralisée)之文句，同時不僅廢除過去中央官派的共和國專員與省長的地方制度，轉而將地方自治權正式賦予地方議會（修正後憲法第 72 條之 3），更取消了層級政府之間的監督關係（修正後憲法第 72 條之 5），從而打破長期以來單一制國家不存在團體自治要素之迷思（田中嘉彥等，2006: 98-99）。而有「地方自治的實驗室」之稱的美國，其地方制度雖然五花八門，但仍然以地方立法權為地方自治的核心，並未出現過以地方行政權為核心的地方自治體。此外，相較於州政府擁有完整的自治權力，美國的各基礎地方自治體卻因受到州政府的強力監督而屢被詬病，但在透過早年的家鄉自治運動(home

---

[7] 甚至有學者指出，英國的改革與其說是分權，不如說是「分國」。（山口二郎，1998）與此同時，英國政府於 2000 年修正《地方政府法》，規定地方自治團體必須針對地方行政機關於下列四者中選擇其一：議長內閣制、民選行政首長與議員合組內閣制、民選行政首長與議會經理人混合制、或是自行設計地方政府組織（田中嘉彥等，2006: 90-91）。

rule)以及 1990 年代前後的新政府運動及權力下放革命(devolution revolution)後，地方自治體亦逐步開始擁有和州的州權同等的地方自治權（小滝敏之，2004: 131-139）。此外，北歐諸國近年來致力於嘗試自由社區實驗(free-commune experiment)，義大利與西班牙則相繼推動地方分權改革，比利時更是徹底與單一制國家訣別而轉型成為準聯邦制國家。由此觀之，分權治理(decentralised governance)已成為單一制民主先進國家的重要國策。此是為何研究日本地方分權改革的第二個理由。

最後，日本研究的層面。日本與台灣除了是東亞儒教圈國家之外，亦同樣是大陸法系單一制民主國家，國情非常類似。研究日本其實在某種程度上，即是研究台灣。台灣自 1992 年民主化以來，雖然在人權與選舉方面有長足的進步，但在地方自治方面卻是日益萎縮，中央支配色彩不減反增，此與戰後日本的情況非常相似。換言之，日本的地方分權改革將是台灣日後追尋民主深化所必須過渡之途徑，探討日本地方分權改革的利弊良窳，將有助於台灣順利推動改革並避免步其失敗的覆轍。然而，地方分權在台灣屬於冷門之研究範疇，專書與研究論文並不多見。以台灣著名的網路書店為例，輸入地方分權的關鍵字搜尋時，共有 48 個商品，繁體書籍僅有 19 本，而其名稱相符者甚少。（參見圖 1-1）若以國家圖書館的期刊論文索引系統搜索則有 54 筆，館藏目錄查詢系統為 9 筆，而台灣博碩士論文知識加值系統僅有 7 筆，可見地方分權研究之匱乏。相反地，同樣的關鍵字，日本與美國著名的網路書店，則分別為 2,923 筆與 2,623 筆，三者之落差不言而喻（參見圖 1-2、1-3）。職是之故，實有必要藉由日本地方分權改革之研究，重新審視台灣中央與地方之關係，此為第三個理由。

圖 1-1　台灣網路書店地方分權關鍵字搜尋結果

資料來源：博客來網路書店，2010 年 11 月 9 日瀏覽

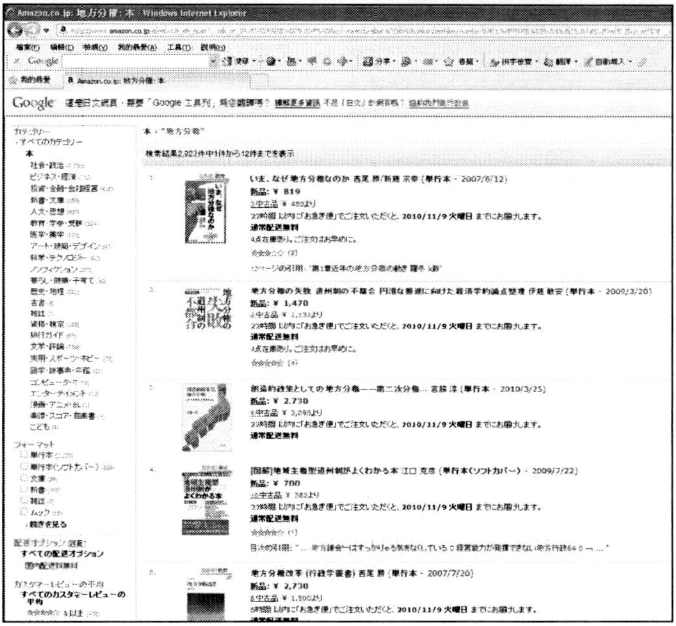

圖 1-2　日本網路書店地方分權關鍵字搜尋結果

資料來源：日本 Amazon 網路書店，2010 年 11 月 9 日瀏覽

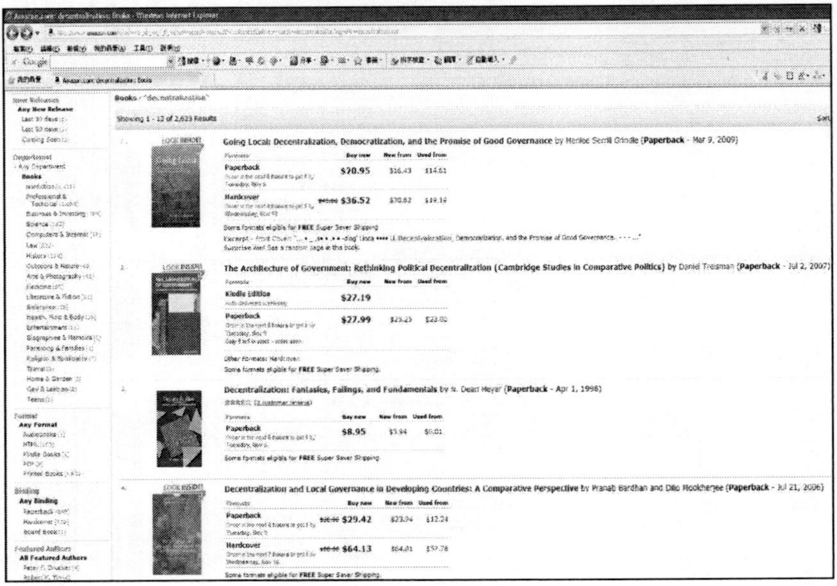

圖 1-3　美國網路書店地方分權關鍵字搜尋結果

資料來源：Amazon 網路書店，2010 年 11 月 9 日瀏覽

民主並非單純的政治制度，其更是一種生活樣式和政治文化。唯有透過地方自治與公民社會，才能真正地朝向自由民主體制的地平線。設若人民身處在無法自行決定生活周遭公共事務的民主國家，則與當初追求民主所欲反對之專制政體又有何差別？民主先進國家在近年來的國體改革，係基於輔助性原則的「社會能做，國家不做；地方能做，中央不做」的精神，除了透過地方分權與民主政治的原則建立擁有廣泛的自立性與自律性的地方自治體之外，更將垂直的各級政府之間的上下隸屬關係轉為平行協力的夥伴關係(partnership)（田嶋義介，2004: 23；白藤博行等

編，2004: 104-107）。此舉不僅將地方行政權從中央箝制的桎梏裡解放，亦是讓地方立法權得以依據地方人民的意思進行決策，從而符合地方自治體作為民主國家礎石之目標。此亦是本書探討日本地方分權改革的出發點。為了使讀者更加理解地方分權改革的時代意義，下一節將著重介紹《歐洲地方自治憲章》的內容與輔助性原則的意涵。

第三節　《歐洲地方自治憲章》與輔助性原則

近代地方自治(local self-government)的概念是伴隨著西方統一國家崛起的產物。其肇因於接替封建體制的絕對王權時代，中央為求方便且有效地統治廣袤領土並防止大權旁落之目的，故不得不採取不同曩昔的分層劃區行政制度，在以國家選拔的專業行政官僚取代過去統治地方的封建世襲貴族的同時，並賦予這些區域若干自行處理自己區域內事務之權責。因此，有學者直言，「地方自治是單一制國家的產物」（張正修，2003a: 8）。[8]換言之，「廢封建置郡縣」的地方自治在本質上，是屬於代理中央意志與貫徹中央命令的國家派出機關性質之設計，其目的在於實現「行政一

[8] 依據此定義，雖然聯邦國在州政府相對於聯邦政府不稱為地方自治，但在州政府之下的地方自治團體相對於州政府之關係則亦稱地方自治。然而，為求定義的簡潔化與普遍化，除了在本段落的敘述以傳統狹義的地方自治概念為主之外，本書其他篇幅皆採用廣義的地方自治概念。亦即，地方自治係兼顧團體自治與住民自治之原則，依其自主意思，以地方自有之人力與財力組成政府，自行處理地方事務之謂。

體」(monolithic)。在結構上，不僅聽從中央命令推動地方行政的行政官僚系統是科層制度(bureaucracy)，同時中央與地方之間的架構亦是科層制度。換言之，雖然許多學者不斷地強調地方自治對於自由民主政治的重要性，但地方自治的原始設置目的卻與自由民主無關。也因此，許多國家的民主發展皆是伴隨著中央集權，即使是存有地方自主傳統的國家，亦不能阻擋來自中央權力的侵蝕與壓迫。然而，隨著民主文化與市民社會的演進，傳統地方自治的定義已無法獲致滿足，追求符合團體自治與住民自治的原則的新地方自治思潮開始萌芽。[9]其中，以《歐洲地方自治憲章》所提倡的地方自治宗旨與輔助性原則的精神最受到矚目，並成為近年來單一制民主國家推動地方分權改革與落實地方自治政策的準繩，而日本亦同樣深受影響。

在「夜警國家」(night watchman state)的過往，中央集權體制因當時國家功能較少，所以其弊害相較之下輕微。但俟 1930 年代以來，「凱因斯經濟學」與「福利國家」(welfare state)學說相繼登場，由國家機關調節與干預社會領域和經濟領域的程度與範圍日益擴大，中央遂更加肆無忌憚地總攬權力與資源，遂使得地方

[9] 近代地方自治在概念上，主要包括團體自治與住民自治兩種基本原則。團體自治係指以一定之地域組成公法人團體，可依自己之意思自行處理地方公共事務，國家或其他權力均不得任意加以侵害或干涉。住民自治則是指地方住民依其自主意思，自行規劃、決定、以及執行地方公共事務。前者為自由主義與垂直分權之延伸，係屬法律意義的地方自治；後者則為民主政治之基礎，屬於政治意義的地方自治，兩者缺一不可（伊藤正巳，1990: 589；許志雄，1993: 283）。台灣的〈司法院大法官會議釋字第 498 號解釋〉，首度確認這兩種地方自治的基本原則。

自治的職權日益空洞化。然而，近年來，中央集權體制已逐漸出現制度上與管理上的彈性疲勞——追求萬能政府所產生的官僚體制肥大化與僵硬化、追求計劃經濟所產生的財政赤字膨脹與非效率性、追求中央統籌所產生的民間社會的民主不信任與政治冷漠感等現象，——因而傳統的中央與地方的上下主從關係的政治系統面臨嚴峻的挑戰。中央集權政府最大的優點在於，能夠迅速且有效地集中所有資源以處理與解決公共事務；相反地最大的缺點則是，一旦擔任頭腦的中央政府失去了活力與動力，則整個國家將會隨之無法動彈。同時，中央集權的政府體制之下，人民欠缺政治參與途徑來自行處理自己週遭的公共事務，致使自由民主體制本身的價值深受質疑。因此，重新思考政府與人民、國家與社會、中央與地方的主客定位，已成為民主先進國家的不得不面對的課題。而輔助性原則正是此種政治氛圍下粉墨登場。

輔助性原則是 1985 年公布的《歐洲地方自治憲章》當中揭櫫的最重要精神，其主張落實法律上與政治上的地方自治意義，強調地方應在不受外力的干預下自行處理地方的事務，以維護地方自主性與自律性。輔助性原則已相繼成為歐盟各國在推動地方自治政策上所遵循之準繩，並內化為 1993 年生效的《馬斯垂克條約》(The Maastricht Treaty)的條文，進而成為歐盟與加盟各國在處理主權問題上的最高指導原則（安江則子，2007）。同時，2009 年年底生效的《里斯本條約》(Treaty of Lisbon)亦同樣繼承這個原則。[10]換言之，歐盟各國對於輔助性原則之運用，並非僅侷限於一國之中的中央與地方關係，其亦同時適用於歐盟與其會員國之關係。此是對近代以來國家概念的顛覆，其不僅是提倡將過去國家權力由上而下的政治過程逆轉為由下而上，亦是將過去國家權力的金字塔結構予以解體拆散。相對於重視州政府地域主權的聯邦國而言，輔助性原則對傳統上注重行政一體的單一制民主國家產生更劇烈的衝擊。晚近，英國、法國、比利時、西班牙等歐盟國家、乃至於日本不約而同地推動地方分權改革與聯邦化(federalization)改造，便是對此原則的呼應。

Subsidiarity 目前尚無統一翻譯名詞，除輔助一詞外，亦有翻為補完、補助、補充、相輔、分工、基層化、基層優先、權利自主、權限分配次屬等。《牛津英文字典》對此定義為：「輔助(subsidiary)的性質。特別是中央政府應為輔助的功能，以僅執行當最接近人民與地方層級政府無法有效執行的任務之原則」。亦即，中央政府應當只有在地方自治體無法處理時才接手處理其公共事務，當地方能夠自行處理時，中央則不應該介入。由此觀之，Subsidiarity 之意涵，主要指國家（中央）的角色應該是「輔佐與扶助」，而非「主導與指揮」地方與社會。

---

[10] In Article 5(3) of "Consolidated versions of the Treaty on European Union and the Treaty on the functioning of the European Union": "Under the principle of subsidiarity, in areas which do not fall within its exclusive competence, the Union shall act only if and in so far as the objectives of the proposed action cannot be sufficiently achieved by the Member States, either at central level or at regional and local level, but can rather, by reason of the scale or effects of the proposed action, be better achieved at Union level."

輔助性原則起源於宗教界，教宗 Pius XI 在 1931 年有鑑於義大利法西斯政權的崛起乃指出，由於國家竊取了諸如家庭等小型社會團體的功能，因而現代國家的社會生活已經瀕臨瓦解，而一個在上位且龐大的組織（國家）取代原本可以由小型的或下層的社會有效執行的功能並集中於一身是不正當的。[11]換言之，天主教提出對國家崇拜與中央集權的警告，並嘗試著賦予小型次級社會團體較重要角色，以防止社會之瓦解(Peterson, 1994: 117)。2004 年梵蒂岡教廷出版的《教會社會訓導彙編》(Compendium of the Social Doctrine of the Church)對於國家與社會之間仍然秉持著同樣的看法，特別是對於人民參與追求公共利益並承擔責任時，應充分運用輔助性原則。其指出，「輔助性原則能保護人民不受較高階層的社會當權者所傷害，並要求這些當權者幫助個人和中間團體履行他們的責任。這個原則是強制性的，因為每一個人、家庭和中間團體都有一些獨到的東西可以貢獻給社會。由經驗可知，拒絕輔助原則或假借所謂的民主化或社會成員一律平等之名來限制輔助原則，就會限制了、有時甚至摧毀了自由和創新的精神」。(Cardinal Renato Raffaele Martino, 2007)從天主教的觀點而言，輔助性原則被認為能夠有效地適用於社會組織中的各種社會生活，其主要的精神是——如果個人能做，家庭就不做；家庭能做，社會就不做；如果社會能做，政府就不做。

---

11 輔助性原則更早的起源被認為是由德國神學者 Oswald von Nell-Breuning 在 19 世紀提出，並影響教宗 Leo XIII 於《Rerum Novarum》(Of New Things)的主張，亦即政府應該僅承辦(undertake)超出個人或私人團體獨立處理能力範圍之事務(Pope Leo XIII, 1891)。

輔助性原則最初是要調和國家與社會之間的關係，其在限縮國家權力與防止政府過度介入的概念上與古典自由主義並無二致。其根源於對「人性尊嚴」(dignity)的不可侵犯性，而由此推展至對於由人組成的集合體自主性的尊重。而隨著時代演進，輔助性原則由原本國家與社會與人之關係，逐漸推展到中央與地方之關係。因此，第二次世界大戰之後，飽受極權主義與國家至上主義之苦的若干歐洲國家，諸如德國及瑞士，逐漸嘗試將輔助性原則由社會哲學具現化為法律概念，以解決中央與地方的權限劃分的憲政課題（王玉葉，2000: 7-8）。1985 年，歐洲委員會(Council of Europe)通過的《歐洲地方自治憲章》，主張以輔助性原則來保障地方自治。這是人類歷史上有關保障地方自治最早的國際協約（田嶋義介，2004: 22-24）。《歐洲地方自治憲章》在前言裡宣示了四個主張：（一）市民參與公共事務的運作是民主政治原理之一；（二）擁有真正權限的地方自治體的存在才能提供市民身邊的行政；（三）擁護與強化多元的歐洲各國地方自治是對以民主與分權原則為基礎的歐洲建設的重要貢獻；（四）擁有有關以民主方式產生的意思決定機關、權限與權限行使的方法與手段、以及實現前者所需財源等廣泛自律性的地方自治體的存在是必要的。特別是第 4 條之 3 的條文中指出，「適當公共職務由最貼近市民的地方自治體優先履行。對於其他地方自治體的權限分配，必須考慮其事務的範圍、性質、效能、以及經濟要求」。由此可知，《歐洲地方自治憲章》一方面承襲自 19 世紀以來「地方自治是民主政治的小學校」的看法，主張最接近民眾的地方自治體最能有效代表民意並達到深化民主的目標；另一方面，則是針對過去地方自治體必需聽命於中央的病灶進行外科手術，提倡以輔助性原則重新建構中央與地方的關係，由地方自治體優先處理公共事務，此亦被稱為「基層自治體優先原則」。進而言之，過去地方事務的最終決定者在中央，這使得地方自治體無法立即且有效地依照民意處理公共事務，同時也無法透過地方自治對人民進行民主訓練。因此，對於民主國家，由最接近人民的政府亦即基層地方自治體，來處理人民無法處理的公共事務是最符合民主文化的方式。而當基層地方自治體無法處理時，再由更大範圍的廣域地方自治體或是中央政府來解決。職是之故，輔助性原則最重要的精神在於，選擇權與決定權不是在國家或中央，而是在更底層的個人或是地方自治體，故為由下而上的權限分配方式（參見圖 1-4 與圖 1-5）。

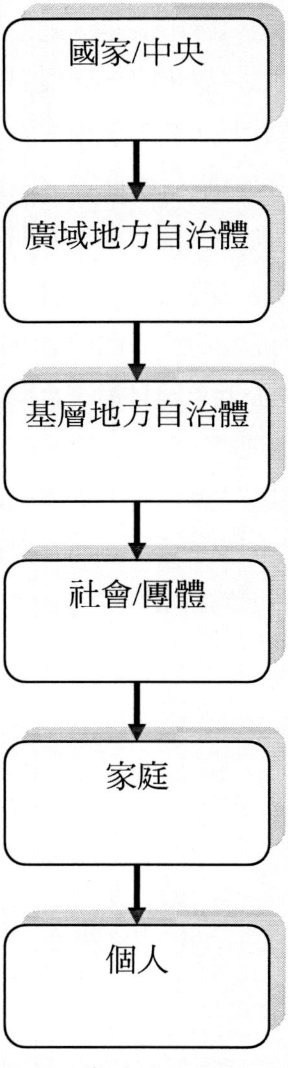

圖 1-4　傳統權限分配方式

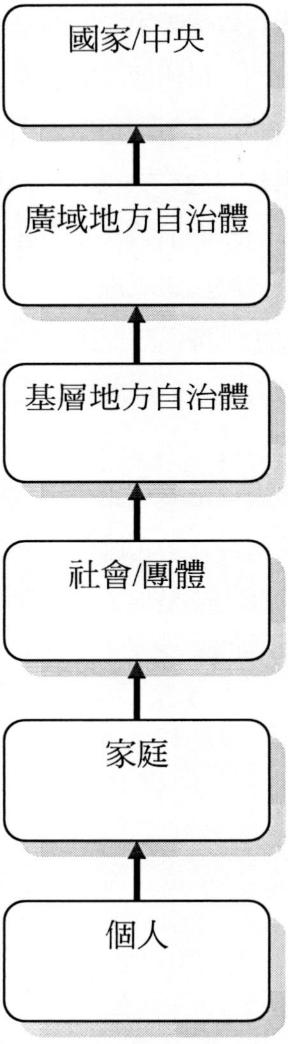

圖 1-5　輔助性原則的權限分配方式

真正讓輔助性原則開始受到世界重視的原因在於，歐洲聯盟(EU)的成立。[12]由於《馬斯垂克條約》在尋求各國舉行公民投票通過之時，出現若干國家抵制的情況，因而輔助性原則成為各國的最大公約數被納入條約之中。事實上，歐盟諸國對於輔助性原則的認知各有不同：以基督教民主黨來說，此原則即是在國家的協助之下，多元社會的小型團體應該自主而不受干預；就德國聯邦主義版本而言，其強調歐盟的政治演進應有明確之計畫，並詳細訂定不同層級政府之權責，特別是德國各邦要確認其在《德國基本法》保障下的重要權力，不會因為歐洲整合而被侵犯；至於英國保守黨則更直接地認為，輔助性原則主要是限制歐盟權力的原則，其抗拒歐盟任何對各國中央政府的內外限制(Peterson, 1994: 118-119)。綜而言之，此三者分別著力於歐盟與社會、歐盟與地方、歐盟與國家，雖然彼此各執一詞，但在基本的概念上並無重大衝突。換言之，歐盟的成立可能導致侵犯或削弱各國主權乃至於各邦的自治權，故輔助性原則成為各國能夠接受的最大公約數。相反地，值得注意的弔詭是，輔助性原則可能是現代歐洲政治中最具爭議性與歧義性的抽象名詞（王玉葉，2000：24）。話雖如此，在《馬斯垂克條約》的前言中，仍宣示著「創造一個更

[12] 事實上，聯合國人類居住中心(UNCHS)與世界都市暨地方自治體祕書處(WACLAC)曾草擬《世界地方自治憲章草案》，以期輔助性原則能夠推展到世界各國。2001 年，這個法案在聯合國總會因美中兩國反對而被否決。美國的理由在於，強調由下而上的輔助性原則，不適宜由上而下的強迫實施；而中國則認為，該原則有可能成為干涉內政或是妨礙經濟發展的因素。（廣田全男，2004: 3）另外，為求文章的通順，歐洲共同體(EC)在本節中一律稱為歐盟。

緊密的歐洲人民的聯盟，其決定依照輔助性原則以儘可能地貼近公民」。而為了讓該條約可以通過，1992 年愛丁堡高峰會更以輔助性原則為核心，建立三原則：（一）授權原則(principle of conferral)：任何議案提出之前，歐盟必須確實證明在本條約下其具有權力執行之。（二）輔助性原則：歐盟所需之權力，必須展示該議案所欲達成之目標是各國和各地方自治團無力執行的事項。（三）比例原則(principle of proportionality)：當歐盟需要強制干預時，其程度要愈小愈好。[13]此雖然為歐盟諸國的政治妥協，然其卻確立歐盟與會員國的「中央與地方」的關係，亦即歐盟僅在專屬自己的領域內，當其成員國無法令人滿意地執行時方能進行干預。此固然限縮了歐盟的權限，致使歐盟變成一個鬆散的組織，但在《馬斯垂克條約》中體現的輔助性原則所扮演的角色，不僅是為未來的歐洲聯邦開路，亦是確立重建單一制國家的中央與地方關係的里程碑。在輔助性原則的帶動下，歐盟各國展開前所未見的國家體制大改革，傳統上根深蒂固的中央集權大國的法國、英國、義大利、西班牙、比利時、北歐致力於推動地方分權改革，甚至連遠在東方的日本也隨之受到影響。

輔助性原則的運用並非單純的政治口號，而是牽涉到國家憲

[13]《馬斯垂克條約》Article 3b 的條文細節則有若干不同：「（一）共同體應依本條約所賦予之權限及所指定之目標範圍內行使職權。（二）在非專屬於共同體權限之範圍，共同體應依輔助性原則採取行動，亦即在會員國所採取之行動不足以達成所擬目標，而基於該行動之規模或效果，由共同體來做較易達成的情況下，方由共同體為之。（三）共同體之行動不得逾越達成本條約所定目標之必要程度」（王玉葉，2000: 14-15）。依此，輔助性原則衍生出三個子原則：授權原則、必要性原則、以及限度原則（許琇媛，2005: 76）。

政權力結構、事務分配方式、政治文化傳統的改頭換面。對照單一制民主國家近年來的地方分權改革，與輔助性原則相關的概念約有下述五點：（一）就近性原則(accessable)。由最貼近地方居民的地方自治體優先履行公共事務，是否能夠執行應由地方自治體優先決定，中央政府不得自行決定。（二）地方分權。「地方能做，中央不做」的口號雖然響亮，但是真正的問題在於——如果中央堅持主導，地方根本無力抵抗。因此，民主國家就有進行地方分權改革之需要，透過中央與地方的垂直分權的制衡，以保障地方自治體的權限、地位、以及財源。（三）權力下放。地方分權主要保障地方能夠與中央成為對等關係，但是權力下放則將原本掌握在中央的權限與事務移轉予地方，如此才能真正實現由最貼近人民的地方自治體優先處理公共事務的目標。（四）比例原則。中央處理事務或對地方的行政作為之手段必須合乎其目的，不得恣意為之。愛丁堡高峰會所確立的第三原則，即是限縮歐盟在執行施政時之權限，以避免各國及各地方自治體的自主性與自律性受到壓迫。（五）大區化／區域自治化(regionalization)。輔助性原則雖然強調站在第一線的基層地方自治體的功能，但在中央與基層之間的廣域地方自治體，則有不同看法。如果廣域地方自治體規模過小數量過多的時候，往往無法自行調節盈虛，也無法自立自主，更無法與中央制衡。為了實現垂直分權的目標，歐盟各國在進行地方分權改革的同時，也逐步將第一級地方自治體合併擴大。

綜上所言，依據輔助性原則進行地方分權改革，不僅只是期待中央政府的節制與善意，唯有徹底地從制度面與財政面進行中央與地方權限與結構的改造，方能真正奏效。輔助性原則是歐盟的「多層次治理」(multi-level governance)的最重要支柱，其一方面藉由建構基層優先的多元參與的住民自治模式，與民主理念相銜接；另一方面則遵循自立自主的不受外力干預的團體自治模式，與自由主義合流，可以說是自由民主政治的具體化。輔助性原則在國家內部的運用上，係建立多元且分權的社會，自助、互助、輔助三個精神相互結合，讓個人能先專心於個人性之事務、讓地方能先專心於地方性之事務、讓中央能先專心於全國性之事務。無疑地，輔助性原則來自於對人的信任與尊重，以及對地方的信任與尊重，其關鍵在於民治與自治。聯邦制國家本身在憲政設計上因為歷史的妥協卻反而滿足了輔助性原則的條件，相反地單一制國家卻是必須要經歷一場自散武功的政治改革過程，其成本不可謂之不大。對日本而言，其地方分權改革的起點，正是《歐洲地方自治憲章》與其衍生的輔助性原則。

第四節　研究途徑

地方分權改革涉及國家整體的政治結構與社會全面的政治文化之轉變，其影響可謂既深且遠。然而，不同於聯邦制國家的地方分權體制的自然形成的歷史背景，單一制國家的地方分權體制的轉型充滿著濃厚的人工斧鑿色彩。如此，則最大的問題在於，一個習慣於中央集權與支配的國度與社會，如何能夠以由上而下的方式，促進地方與住民的由下而上的自主與活化？這個背義性的制度變遷問題，促使本書選擇採用歷史制度主義為研究途徑，而其分析制度變遷的核心工具則為所謂的路徑依循(path dependence)，以探討日本在這場制度改革中的中央與地方權限之拉鋸過程。

歷史制度主義屬於新制度主義(new institutionalism)的次領域。作為社會科學的新研究途徑的新制度主義的起源可追溯至1960年代末期，並於1980年代開始盛行，而在Douglass North獲得1993年的諾貝爾經濟學獎後達到高峰。新制度主義其一方面反省舊制度主義過度強調制度與規範決定論；另一方面則是反對行為科學與實證主義分析重點過度聚焦於個人的行為而漠視制度或國家的影響因素。[14]在新制度主義者的眼中，制度與個人俱是主體或行動者，同時此兩者相互產生影響作用 (March & Olsen, 1984: 734-749)。無疑地，政治學領域的新制度主義的發展背景與 D. Easton 所提倡的後行為主義革命(post-behavioral revolution)息息相關，皆是主張重新關注制度、規範、慣例、以及價值觀在政治過程中扮演的角色，以回歸政治學改變現實的初始目的(Easton, 1969: 1051)。1985年，T. Skocpol 即在《Bringing the

14 新制度主義的研究途徑呈現多樣性，但主要有以下的特點：（一）從組織轉移至聚焦於規則；（二）從正式轉移至非正式制度的概念；（三）從靜態轉移至動態制度的概念；（四）從掩蓋價值(submerged values)轉移至價值批判(value-critical)的立場；（五）從整體轉移至區別(differentiated)的制度概念；（六）從獨立性轉移至深植性(from independence to embeddedness) (Lowndes, 2010: 67-70)。

State Back In》的首章中強調，有必要「讓國家重返」社會科學研究領域，透過運用國家自主性(state autonomy)和國家職能(capacities)的概念，進而重新思考國家制度對於政治、經濟、社會之間的影響(Skocpol, et al. ed., 1985: 4-6)。此後，政治學界逐步恢復關注國家的角色，重新接受國家結構、制度、法令、組織等相關研究面向，並帶動了政治學的典範轉移。[15]同一時間，J. March 與 J. Olsen 正式將新制度主義概念導入政治學，其一方面重新界定制度的角色，強調政治制度應被視為行動者與決策者；另一方面則關注制度的重要性，主張制度具有適當性邏輯(logic of appropriateness)，而能夠制約行動者在制度認可的範圍內，選擇適當的方式以獲得能夠受到制度保障之成果(J. March & J. Olsen, 1984: 738-739; 1989: 160)。在這股重新以國家為中心的新制度主義研究的風潮之中，歷史制度主義開始萌芽。

與歷史制度主義的精神相類似的學術研究在 1960 年代已見其雛形，但直至 1992 年，K. Thelen 與 S. Steinmo 方提出在政治學上正式以歷史制度作為分析的核心，探討政治制度的動態與變遷，從而審視歷史因素對於制度與政策的形塑與侷限(Thelen & Steinmo, 1992: 10)。首先，其認為制度不僅是利益計算的策略互動，亦對利益的範圍進行界定，長此以往由制度引領的策略將形成世界觀與文化習慣。其次，排除舊制度主義的靜態性政治制度的主張，對於制度的分析採取動態性的觀點，同時探討制度變遷

[15] 如果從較宏觀的角度而言，亦有人認為 Huntington 在 1968 年撰寫的《Political Order in Changing Societies》，亦應屬於新制度論的著作。

的起因與結果。最後，其認為歷史制度主義採取過程取向的研究法，並強調制度結構與行動者的行為的相互作用關係，從而分析影響制度變遷與行動者選擇的原因(Thelen & Steinmo, 1992: 13-22)。簡言之，歷史制度主義透過制度的研究，探討政治、經濟、以及社會的時間序列與過程中的變遷，進而尋找相對適當而充分的解釋。歷史制度主義主要有四個重要的特徵：（一）傾向於以較籠統的方式，概念化制度與行動者行為之間的關係；（二）強調制度的運作與發展上相關的權力的非對稱性；（三）對於制度的發展，傾向於抱持著路徑依循與不確定結果的觀點；（四）特別地關注將制度的分析與其他可能影響政治效果的因素的作用(contribution)互相整合，例如思惟。換言之，儘管歷史制度主義者強調制度在政治生活中所扮演的角色，但並不堅持只有制度是唯一影響政治的因果力(causal force) (Hall & Taylor, 1996: 938-942)。由此觀之，歷史制度主義採取動態制度論的觀點，強調制度變遷結果的不確定性，且不會如舊制度主義者所稱出現「歷史矯正」(historical cure) 的效果 (e.g., Almond, 1956: 391-409)。亦即，歷史並非是簡單筆直的單線性發展模式，相反地當行動者試圖改變既有制度時，由於受到行動者本身條件與歷史慣性的結構性制約，因而導致制度變遷並不一定是快樂的結果(happy outcome)。無疑地，歷史制度主義非常重視時間序列的因素，並由此探尋制度變遷的解釋。其中，路徑依循是最廣為使用的概念。

路徑依循概念的正式出現在社會科學界約在 1980 年代，並被廣泛運用在政治、經濟、以及社會學分野。[16]路徑依循的意涵類似物理學的「慣性」(inertia)，亦即一旦行動者選擇或不選擇進入某一路徑，無論其良窳，皆可能產生依賴而難以改變。換言之，政治經濟現象並非僅僅受到當前條件的制約，而亦同時受到過去軌跡的影響。[17]最早將路徑依循導入政治學界的 S. Krasner 即指出，過去制度選擇的歷史軌跡將可能對當下的選擇形成限制，而使得行動者受制於制度結構，此即路徑依循(Krasner, 1984: 223-246)。P. Pierson 與 T. Skocpol 生動地敘述了這種難以改變的歷史慣性：「一旦行動者冒險地選擇了某一特定的路徑，其將發現可能難以逆轉(reverse course)。政治選擇一旦曾被視為非常可信的，則可能無法挽回(irretrievably lost)」(Pierson & Skocpol, 2002: 670)。這種不可逆的慣性作用，經濟學者以「鎖定」(lock-in)來形容 (Arthur, 1994: 112-113)。路徑依循分析突出了「歷史因果關係」(historical causation)的角色，無論是選擇或不選擇，皆將

---

16 路徑依循與心理學上的「強制反復說」頗為相似，最有名的例子即為家庭內部的世代間的虐待行為的傳承，亦稱「暴力循環」。

17 經濟學上最有名的例子即是，為何火車的國際標準軌道的寬度是 143.5 公分？1937 年制定的國際標準軌寬其實沿用美國 1835 年的規格，而由於美國最早的鐵道是由英國人設計，故此規格其實就是英國的規格。但英國最早的火車是由建造電車軌道的人設計，所以鐵路軌道標準即是電車所用的標準。然而，製造電車的人原先是製造馬車的，因而以馬車的輪寬作為標準。英國馬車的輪寬受制於當時道路的轍跡寬度，因此馬車輪寬即是配合道路的寬度。同時，英國的轍跡寬度是由羅馬人依照戰車的寬度制定，而戰車的寬度則是兩匹戰馬臀部的寬度。因此，火車的國際標準軌寬，其實早在兩千年前由馬臀而決定了。這個路徑依循影響至今未殆，舉例而言，美國太空梭的燃料推進器因為是由火車輸送，但由於鐵路隧道的寬度受限於國際標準軌寬，因而導致推進器無法增大容量，結果限制了太空梭的航行時間（Puffert, 2000: 933-960；賴建誠，2008: 46-56）。

形成歷史的慣性作用，從而不斷地在每個事件或進程中動態地自我複製。然而，人類的歷史發展並非一成不變，因此路徑依循對於擺脫歷史因果關係的制度變遷提出了以下的解釋。D. Collier 與 R. Collier 曾指出，制度的發展受限於歷史遺緒(historical legacies)和關鍵轉捩點(critical junctures)，前者可能限制變遷，而後者則可能創造分歧點(branching point)而導致變遷(D. Collier & R. Collier, 1991: 27)。換言之，一旦出現關鍵轉捩點，制度變遷的軌跡將可能出現轉轍或換軌，從而瓦解路徑依循的不可逆性與自我複製性，邁向另一個不同的路徑。此論述將路徑依循由原來的消極轉為積極解釋的工具，從此許多歷史制度主義學者展開圍繞在關鍵轉捩點的研究，試圖破解回饋循環(feedback loops)與促進制度變遷的密碼。誠然，目前相關研究仍未有令人滿意的解答(Hall & Taylor, 1996: 942)。一般而言，導致關鍵轉捩點出現的原因約可歸類為三種模式：（一）有意向行動個體的作用；（二）制度與環境的失衡或配置錯誤的產物；（三）重大外力衝擊破壞了制度的效率與正當性基礎(Nørgaard, 1996: 45-51)。此外，K. Calder 與 M. Ye 則認為出現關鍵轉捩點的條件在於：（一）經常存在的危機致使現有安排(arrangements)的正當性產生嚴重的問題；（二）危機孕育出追求改變之渴望(stimulus)；（三）來自各方的強烈時間壓力(Calder & Ye, 2004: 198-199)。由此觀之，關鍵轉捩點涉及要素繁多，僅能夠被籠統地描述，而較難以精密地量測。[18]

---

[18] 值得注意的是，Calder 與 Ye 指出，關鍵轉捩點框架與歷史制度主義並非全然相同的研究途徑。兩者雖然有諸多的共同點，然後者較偏重過去結構的餘

從歷史制度主義的觀點而言，一個國家的中央集權與地方分權傾向的原因可能是多元且多重。本書由政治史出發，觀察日本的中央與地方的力學關係之變化，以及制度與行動者的相互作用之影響，一方面探討日本何以能夠擺脫中央集權制度的回饋循環，進而推動地方分權改革的作用力，另一方面則是分析日本的地方分權改革過程中，中央集權的歷史慣性的反作用力。亦即，前者主要探討單一制民主國家進行地方分權改革的原因與轉轍，後者則是剖析地方分權制度所面臨的中央集權傳統的抵抗與其課題。此為本書選擇歷史制度主義的研究途徑的原因。

第五節　章節安排

本書主要由八個章節組成。在第一章「前言」，主要介紹本書的研究動機與目的、重要性、以及研究途徑。同時，另闢專節探討《歐洲地方自治憲章》與輔助性原則，以讓讀者了解歐美日國家目前對於中央集權與地方分權的看法，從而透過國際比較，剖析日本地方分權改革的時代意義。

第二章主要探討日本地方制度之沿革，由於本書採用歷史制度論的研究途徑，因而針對日本中央與地方關係進行分析。本章

緒與制約，而前者則相對上承認不連續的偶發事件的影響性與個別決策者的相對自主性(Calder & Ye, 2004: 196-198)。本書除了以關鍵轉捩點來解釋日本地方分權改革的起因之外，同時運用路徑依循分析改革前後的歷史制約與未竟全功的回饋影響，故主要途徑仍以歷史制度主義為主。

主要將日本地方分權改革之前的歷史分為三個部分：封建制度、明治維新、以及戰後改革三個部分，從而介紹日本中央集權與地方分權的相互交織的歷史脈絡。

第三章「日本地方分權改革的背景」，一方面探討日本邁向地方分權改革轉轍的關鍵轉捩點，以清楚理解日本為何願意由官僚優位的中央支配體系，轉型成為地方優先的分權體系；另一方面，則著重分析日本如何致使地方分權改革由紙上談兵的理想轉化為政治現實。

在第四章中，則探討日本如何藉由第一次地方分權改革，達成地方自治體在行政上的自主自立。除了分析單一制國家在傳統上的中央支配模式之外，同時探討廢除委辦事項、取消中央行政機關的適當性監督、落實地方自治體優先原則、成立中立的仲裁機關等之構想與成果。

第五章「第二次地方分權改革」，則著重於日本市町村合併的背景、內容、以及後續的課題。起初，第二次地方分權改革希冀透過三位一體改革以達成地方自治體在財政上的自立自主，然而由於中央政府因為國家赤字而對於財政下放的抵抗，最後導致作為配套措施的市町村合併反客為主，因而本章主要以市町村合併為研究對象。

「道州制」被視為日本接下來的第三次地方分權改革的重頭戲。雖然其目前仍處於規劃階段，但由於事涉日本是否由單一制國家轉型成為聯邦制國家，因而本書將在第六章之中，一方面分析民主、分權、以及聯邦制的關聯性，另一方面，則是以此為基礎探討日本都道府縣的再定位與道州制的構想。

在第七章中，本書將探討日本住民自治之發展。日本地方分權改革目前著重於團體自治的層面，亦即如何使地方自治體解除來自中央政府的束縛。然而，地方分權改革在住民自治層面上著力較少，究其原因，住民自治的相關法律相對完備，其所闕乏者在於住民本身的積極性與法令的有效性。

最後，第八章為本書的結論，主要檢討日本地方分權改革，並提出對於台灣未來推動地方分權改革之啟示。地方分權固非所有國家一體適用的萬靈丹，但對於意欲落實民主深化的國家而言，卻是不得不面對之課題。民主體制弊病的最良藥方其實還是民主，透過地方分權改革落實的地方自治，將是培養公民社會與人民自主習慣的最佳方式。現在進行式的日本地方分權改革過程或許難謂圓滿，其受中央集權的歷史慣性制約隨處可見，然而日本朝野對於國家體制改造所傾注的熱情信念與疲心竭慮的構思卓見，卻是日本社會乃至於亞洲諸國的知識財產，其開闢了與過去中央集權傳統迥異的地方分權之民主道路。

第二章

日本地方制度之沿革

地方公共団体の組織及び運営に関する事項は、

地方自治の本旨に基いて、法律でこれを定める。

——《日本国憲法》第 92 条

第一節　封建制度的前夜

中央集權係伴隨著近代國家(state)興起的產物。其主要扮演著雙重角色，一方面促進凝聚國民意志與統合國家資源，另一方面則致力於消滅中間團體與建構劃一社會，以協助國家有效地統治社會於內並對抗敵患於外。然而，隨著地方自治與民主發展的正相關性的研究發現陸續問世，中央集權與自由民主體制的扞格日益顯露，致使「去中央集權化」成為現代民主國家，特別是單一制國家的重要課題。從國家社會學的角度來看，國家首先是從社會中分化而出，並隨著自律化、普遍化、制度化的進行，反過來逐步試圖控制社會，而中央集權便是其工具之一（Bertrand Badie and Pierre Birnbaum，小山勉訳，1990: 76-90）。中古歐洲的中央集權國家肇端於法國絕對王權時代，由於對外發動戰爭的動員軍隊與集結資源、以及對內發展經濟的促進工商與改造社會之需求，國王遂不斷地削弱與消滅封建貴族，以尋求建立擁有獨一無二且至高無上的治國權力的中央政府。即便到法國大革命發生後，君王制雖然一度遭到覆滅的命運，然中央集權的趨勢卻方興未艾，更甚於過去的專制王權。此後，中央集權潮流開始向四方各國的輻射擴散，同時受到傳統王權國家、新興民族國家、乃至於殖民地國家的熱烈歡迎，並進而逐漸演化成全體主義(totalitarianism)、國家社會主義(national socialism)、軍國主義(militarism)等，主張「利維坦」應凌駕且掌控個人的諸意識形態之基石。不僅如此，縱使標榜人民主權與平等原則的民主國家的肉體裡，亦同樣淌流著中央集權的血液。可以說，從近代到現代，中央集權扮演著舉足輕重的角色，並隨著統治技術的革新而持續進化，以協助國家繼續統治社會。

回顧東方，曩昔東亞唯一霸權的中華帝國歷代王朝，自秦始皇起已經建立脫離封建制度的「書同文、車同軌」的統一國家，其郡縣制與官僚制雖較諸西方的中央集權體制發展更早，然受限於當時統治技術與數字管理的不發達，以致國家統治力難以穿透社會，故被學者稱為「早熟的中央集權」或「專制的不十分」（黃仁宇，1993；足立啓二，1998: 164）。與此同時，中華帝國普遍具有反地方分權的傾向，視地方自主為割據裂土和分散國力的負面象徵。[19]在漢民族文化及華夷秩序的影響下，近代以前的東亞諸國呈現出與歐洲絕對王權時代同樣的中央集權信仰。東亞諸國之中，明治日本是最早建立近代意義的中央集權與理性官僚統治體制的國家。更由於師法當時歐美列強之緣故，其中央集權的體質迅速與帝國主義結合，在成為近代國家的同時亦搭上帝國列強最後的末班車，從此開始向外大肆擴張版圖。隨著世界經濟大恐慌爆發，日本的中央集權體制進一步升級為狂熱的軍國主義，朝向建立「兵營監獄國家」前進，最終將日本與周圍國家全數化為頹垣殘壁。第二次世界大戰後，美國著手進行日本帝國解體工程，然而其所結合東西傳統的近代中央集權的幽靈，卻開始在曾受日本帝國侵略與殖民的東亞諸國中傳染擴散，並附身於威權主

[19] 例如林紀東即認為，我國之中央與地方權限分配制度，係「助長地方意識，分散國力，無異自毀長城」（林紀東，1993: 9-12）。

義、全體主義、軍事政權、或開發獨裁體制之中，至今未休。相反地，戰後日本卻開始逐漸往地方分權邁進，而成為東亞諸國中的異例。

不可諱言地，與近代國家同時產生的中央集權具有其時代意義，不論是歐洲封建制度國家想要脫胎為行政官僚國家，或者是殖民地想要反抗帝國主義列強統治成為民族國家，抑或是統治者與被統治者希冀透過國家能夠集中力量的功能以完成各類政治經濟社會目標等等，中央集權皆看似便利有效的工具。但誠如多元主義的先驅 Tocqueville 所指出——政府的極端中央集權化容易導致人民受到奴役與自由主義受到侵害，亦「使社會失去力量，結果等過一個時期後，政府本身也軟弱了」(Tocqueville, 1993: 367)。近年來，歐美日民主先進諸國的地方分權風潮，即是對此弊端之回應。然而令人弔詭的是：這種希冀可以促進由下而上的民主先進國的地方分權改革，其背後卻可能是由中央政府主導的由上而下的政治過程。換言之，在習於中央支配的政治社會土壤上，是否能夠孕育地方自主的植栽，殊值懷疑。此外，日本的歷史上，是否僅有中央支配的傳統，而無地方自主之餘緒，亦是值得探究之課題。職是之故，本章的分析焦點主要著重於，探討日本政治史的中央與地方的力學關係，進而剖析其制度變遷的關鍵轉捩點與路徑依循。

日本的起源與其他國家並無太大差異。[20]古代日本最初處於

[20] 本章有關明治維新之前的日本史料的部分，以（磯村英一、星野光男編，1990；井上光貞等，1993；河合敦，1997）為主。

小國林立的散落狀態，根據《漢書》〈地理志〉的描述，西元 1 世紀前後的倭人約分為 100 多個小國。此後，隨著各國相互兼併鏖戰，於今九州島和本州島中國之地開始出現一個強大的政治統合體，並逐漸向東方及北方擴展其勢力，最後形成以天皇和氏族為統治階層的統一國家。[21]這個以氏族制度為社會組織基礎的古代日本，諸氏族之間彼此仍存在協力與合議的關係，天皇僅是共主與最大氏族的領袖，其支配範圍亦限於直轄領地。即使擴張新的領圖，往往直接任命被征服的氏族首長為當地的統治者與地方官（「國造」或「稻置」），中央政權的影響力與穿透力非常薄弱（磯村英一、星野光男編，1990: 17-18）。

隨著儒教文化的傳來與攝取，日本在 7 世紀著手進行包含「大化改新」（大化革新）的漢化改革，透過確立冠位（官階）與律令制度，以豪族（過去的氏族）的國家官僚化的方式來削弱中央豪族的影響力，逐步鞏固天皇的統治地位，進而開創第一個繁榮時代。律令國家仿效唐朝設置國、郡、縣三級的地方制度，一方面由中央派遣貴族至各地擔任「國司」，任期約為六年，另一方

21　依據《魏志》〈倭人傳〉之記載，當時日本出現以「邪馬台國」的女王卑彌呼為共主的 30 國聯合，與另一國家「狗奴」對抗。卑彌呼在 239 年遣使中原，被當時的魏帝封為「親魏倭王」。邪馬台國係典型的原始宗教國家，卑彌呼本身即兼具女巫與女王的雙重身分，在其死後雖曾有男王繼位，但卻導致戰亂發生，最後還是由另一女性繼承王位才解決問題。從日語的「政」（まつりごと）與「祭」（まつり）的發音語源相同可以發現，日本的古代國家政治形式與宗教儀式的關聯性。這個政教合一的國家即是 3 世紀後期出現的統一國家「大和政權」的基礎，此後轉以大王（男性）為權力核心的氏族制度國家。然而，即使在律令國家出現之後，天皇之下的統治組織仍以「神祇官」（掌大禮祭典）和「太政官」（掌一般政務）為首，顯示政教兩者還是同樣重要，而天皇本身更被視為「萬世一系」的「現人神」。

面則由地方豪族與居民擔任終身世襲制的「郡司」與「里長」之職。事實上，在這種雙重統治結構之下，外放的國司不得不依賴本土勢力的郡司進行統治，各地實權仍由地方豪族掌控，與之前的氏族國家相差無幾。與此時期相差不久，佛教文化以「鎮護國家」的面貌東渡日本，僧侶與寺廟被納入官僚體系與統治結構之中，因而在意識形態上補強了朝廷政權的統治權威（大津透等，2010: ch2&ch3）。換言之，此時的日本，業已初具東方專制型的中央集權國家的外觀，然其僅是完成中央豪族的收編，在地方層級上仍是透過既有勢力間接控制。而日本在極力吸收漢文化的同時，並未將發端於隋唐時代的科舉取士制度一併移植，這使得當時日本朝廷統治精英的補充仍受限於以身分與血緣為主的傳統方式，因而導致天皇與中央豪族之間的權力鬥爭而產生的遷都頻仍及佛教宗派鬥爭等問題。

在 10 世紀後半，中央豪族（此時或稱貴族）以外戚攝政的身分獲得這場長期鬥爭的勝利。貴族透過掌握政治最高實權的「關白」之地位，擁有與天皇同等的官吏任免權，天皇權力和威信漸次遭受架空，史稱「攝關政治」。攝關政治在表面上維持與過去律令國家相同的統治方式，即透過「太政官」（類似宰相）指揮中央和地方的官僚體系，統一支配全國的中央集權架構。然實際上，由於攝關政治在施政傾向消極保守，所任命的國司也大都滯留首都而不願外派赴任（稱為「遙任」），地方政務往往落於新崛起的「莊園」豪族之手，中央集權體制因此開始呈現鬆動之情況。莊園最初屬於日本古代封建制度的基層，除了「公領」之外，主要由各地的開發領主（守護與地頭）或寺社所支配，具備課稅徵收權與警察權，並對中央權力者朝貢。[22]俟 12 世紀後期，「治外法權化」的莊園已圈占過半的全國土地，由莊園豪族衍生的武士階級勢力日益興起。無疑地，遙任的盛行與莊園豪族的崛起，致使日本中央與地方的關係開始出現權力的互置變化。這是日本步入封建制度的濫觴。

第二節　從封建制度到明治維新

日本的封建制度與地方的雙重統治結構的單一化過程密不可分。攝關政治後期，莊園日益脫離中央掌控，國司等地方官員與莊園豪族、特別是直屬於中央大貴族的有力莊園豪族之間的矛盾日益嚴重。在日本朝廷與莊園豪族的權力鬥爭之中，最終以後者的勝出劃下句點，地方武士集團入主朝政，開啟了以武家社會為上層結構的「幕府政治」時代。而伴隨著中央朝廷權威的式微，既有的國郡縣解體，形成郡鄉體制，各地莊園豪族逐步成為裂土分茅的封建諸侯，繼而出現屢屢地方割據的局面（山田公平，1991: 343）。幕府政治的主要特色係由最有力的諸侯獲取「征夷大將軍」

---

[22] 日本的莊園制度的形成背景在於，日本當時仿效唐朝的租庸調制實施強制勞役的租稅體制，結果導致農民生活窘迫，因而必須投靠取得土地私有與「不輸不入」特權的莊園。不輸不入係指不輸租權、雜役免除權、以及不承認官方在莊園內的司法權與警察權。日本莊園的重要特徵為「寄進莊園」，即小莊園主將莊園進獻給大莊園主，而大莊園主則進獻給中央的大貴族，以尋求庇護，故呈現金字塔型的政治經濟結構。

一職，設置家政機關的幕府作為最高軍事政治機構，一方面承襲攝關政治的挾天子以令諸侯的傳統繼續架空天皇與公家朝廷的權力，另一方面則運用天皇的權威以取得統治日本與號令諸侯的正當性。幕府政治的統治形態頗類似中古歐洲的封建制度，實施嚴格的「士農工商」階級制度，其中「士」便是以武力、學問、榮譽為標榜的武士集團。然而，日本的四民制度除了中上層武士的精英周流停滯之外，百姓（農）與町人（工商）的身分移動相對上比較容易，並無上下的序列關係，而下層武士與平民之間亦存在某種程度的流動性。

「幕府政治」時代自 1192 年起迄 1867 年止，歷時約 675 年，歷經「鎌倉」、「室町」、以及「江戶」三個幕府政權。相較於中古歐洲封建制度，日本既有幕府大將軍總攬國家軍政，同時封建諸侯亦缺乏選帝或是參與等級議會的權力，中央與地方的上下隸屬的垂直關係較強，然由於重要諸侯得以擔任幕府職務分享中央統治權力，且各藩擁有地方統治的自主權，因而中央集權的程度相較之前的律令國家時期卻是難以同日而語。其中，「江戶幕府」雖然透過各種方式箝制地方封建諸藩的勢力，諸如「分割統治」（分封、改易、轉封、減封）、「參勤交代」（諸侯定期在幕府與藩之間執行政務）、以及財政分擔等方式，但當時約 300 的諸侯國依舊擁有軍政、財政、司法的絕對地域主權（依田熹家，1993: 344-349）。這種由中央政府的幕府與地方政府的藩所構成的幕藩體制，被為聯邦制國家的雛形。[23]

在幕府時期之間，二種民主的地方自治傳統開始萌芽，其一為自由都市(free city)，其二則為村落自治（磯村英一、星野光男編，1990: 18-19）。一方面，在動盪的戰國時代之中，日本商人以都市為根據地，在一般居民的協助支援之下，脫離封建領主的支配而自主運作。雖然日本的自由都市並未如中古歐洲般具有強而有力的經濟影響力與形成市民社會，且最後為幕府政權所收編，但卻成為日本團體自治的起源。另一方面，由於戰亂經年與賦稅苛刻，農民除了消極地選擇拋荒棄耕之外，便是積極地以武力進行抗爭，因而最基本的傳統村落(mura)的共同體之中，開始出現高度團結的自治協議機關。這種具有合議協調型和封閉型集團之性格的村落自治組織，呈現出有限的社會組織的領域公共性和自律性，而被視為日本住民自治之原點。[24]無論是自由都市抑

[23] 日本幕府政治大多採取有力諸侯共同統治的準聯邦模式，但江戶幕府為了防止政權的篡奪，故將藩劃為三個等級，依序是「親藩」（德川一族）、「譜代大名」、以及「外樣大名」。此三者的地方統治權並無太大差異，然在中央層級上，幕府的重要職務全部由譜代大名充任，外樣大名無權置喙。

[24] 高度的階級社會雖然使日本平民很難接觸到政治領域，但是在他們的生活的最基本單位的「村」，卻存在著某種程度的自治政治，而這種自治文化也同時存在著高度的集團主義和事大主義。與漢民族社會的村落最大不同點，便是在於日本的村落是封閉型，而漢民族社會屬於開放型。以節慶為例，漢民族村落展現高度的熱情歡迎外地人的參與，但是日本村落則完全拒絕外人的加入。即使非節慶的平日，村民並不歡迎陌生人的到訪，甚至群起攻之。換言之，日本村落在表現出團結互助的一體性的同時，也表現出封閉警戒的排他性。此外，如果被其他村民宣告「村八分」（對不守村規的村民斷絕往來）的居民，則其在原來村落將被完全孤立難以生存。而因為其他村落也具排他性的關係，於在村落的移居他鄉的可能性很低，所以這樣的措施等於更進一步鞏固集團主義的文化。至於政治運作，則是由村中的有力人士（通常是武士或本家）負責，其他村民服從其決策，一如階級制度金字塔頂端的武士集

或是村落自治的制度，雖然最終仍被中央集權幕府朝廷以各種方式進行抑制與轉用，因而難以繼續得到進一步的發展，但無疑地，這種民主的地方自治傳統對於日後日本的民主與分權的改革深具啟示之意義。

1867年以降的明治維新，不僅象徵幕府體制的落幕，亦是宣告近代日本中央集權政治體制的開端。這齣強化中央支配與廢除地方割據的政治改革大戲，並非來自中央幕府的主導推動，相反地，卻是由地方勢力在內憂外患之下所獲致的結論。隨著鴉片戰爭和「黑船來襲」（美國軍艦強迫日本開港事件）的列強東漸的威脅，當時主張消極鎖國的江戶幕府的威信江河日下，在瀰漫亡國滅種的危機氛圍中，精英階級的封建武士被迫在「佐幕」或「尊王」、「開國西化」或「鎖國攘夷」之中做出抉擇。其中，地緣上與歐美貿易的關係較為密切、相對上比較容易知悉列強實情和吸收西洋新知的「西南雄藩」的下級武士團，為了對抗列強的壓迫來挽救自國的存續，以及尋求自身的出世晉身之階，因而亟欲建立一個能夠集結所有人民力量與資源的中央集權國家。在此情形之下，日本古代天皇制度國家便再度受到青睞。隨著西南雄藩的「倒幕運動」（推翻江戶幕府統治）成功之後，新興的民族統一國家便在「大政奉還＝王政復古」的形式下實現，萬世一系的天皇再度君臨統治日本國土的舞台（安世舟，2001: 283-287）。此

團。也由於相對不重視血緣主義的宗族制度，使得日本的村落呈現強烈（有限）的領域公共性。究其原因在於，封閉性村落的型態適合封建制度，有助於貴族將農民控制於土地之上（足立啓二，1998: 54-74；中村元，林太等譯，1999: 165, 231；溝口雄三，1995: 91-130）。

即明治日本的誕生。

自明治維新到第二次世界大戰結束，在天皇神權的卡理斯瑪(charisma)的影響與擴張下，日本的中央集權化的腳步遂無片刻停歇。明治維新後，日本仿效當時後發近代國家的普魯士．德意志為建國藍本，公布帝國憲法，確立君主立憲制度。並將普魯士．德意志的國家營運政策化約為「殖產興業」與「富國強兵」的口號，朝向資本主義的軍事大國邁進。然而，日本帝國相較於德意志帝國的中央集權程度更為明顯。[25]究其原因，日本並未如德意志帝國般將各諸侯國以聯邦制的方式導入國家構成原理，相反地，透過「版籍奉還」（諸侯將領地與臣民歸還天皇）、「廢藩置縣」（廢除封建改設府縣）、「地租改正」（全國統一租稅制度改革）、「秩祿處分」（取消貴族與士族的俸祿）等一連串的中央支配政策，廢除了封建時代的土地所有制度與身分特權，從中央到地方設置金字塔型的理性官僚統治體系，地方首長任命改為中央官派，從而致使國家成為唯一的權力中心。換言之，本來以擁護和拯救封建領主為目的而成立的絕對主義體制，卻因為在傳統的諸侯割據體制可能存在導致國家滅亡的情況下，反而回過頭來要

25　當明治日本選擇師法普魯士君主立憲政體之時，在某種程度上或許已經決定了其絕對中央集權的最終趨歸。因為相較於因重商主義而興起的英法的「內政優位」，也就是「社會優位」、「經濟優位」的市民主體政治體制；由於普魯士．德意志在地緣環境上與多國接壤，以致國家存亡成為首要問題，因而選擇了「外政優位」，亦即「國家優位」、「政治優位」的國王主體政治體制。在此情形下，仿效德國的戰前日本在體質上難以真正成為立憲民主國家，而與德意志帝國同樣被稱為「表面的立憲主義體制」。（安世舟，2001: 286）伴隨著當時的國家有機體論和國際社會弱肉強食論之盛行，為了尋求國家的生存空間，德日兩國遂不約而同地逐漸成為對外侵略擴張的主角。

求既有的封建武士集團的自我犧牲與修正，從而消滅封建制度以求建立中央與地方一體的集權國家（原口清，1968: 296-300）。

日本近代地方自治的起點源於 1871 年，伴隨著《戶籍法》制訂而成立的大區與小區。然而，這個由當地的名望家擔任首長的人工的行政區劃，由於忽視了既存的自然共同體的秩序，因而無法發揮其機能。有鑑於此，1878 年，明治政府制定「三新法」，亦即《郡区町村編制法》、《府県会規則》、以及《地方税規則》，配合最末端的自然村秩序，來重新規劃行政區劃。此後，為了強化地方制度的重整，分別在 1888 年公布《市制町村制》，以及 1890 年制定《府縣制及び郡制》等二部法律。就時間點而言，前者早於 1889 年的憲法公布，後者則先於 1890 年的國會設置。究其原因在於，為了防止中央的政爭波及到地方，導致國家整體的混亂，因而明治政府必須在地方名望家透過國會參與國政之前，先行以地方自治制度為防波堤，鞏固國家施政的穩定性。換言之，日本的國家秩序端賴非政治的自然村秩序來維持。由此觀之，與歐美近代國家以自由都市為典範迥異，日本近代國家的典範來自於自然村共同體，因而強調一體性的傳統村落之特質逆向影響家族秩序與政治秩序，最終形成「家族的國家觀」（新藤宗幸、安部斉，2006: 3-4）。明治時期的地方自治的早產，顯露出必須過度依賴行政官僚維繫中央集權體制，以及剝奪地方團體的自主性兩個特徵，因而導致日本在先天上欠缺如歐美近代國家般的自主集權的基礎。職是之故，「三新法」帶來的結果，一方面促使地方自治發展的畸形化，另一方面則是最終造成近代國家的中央集權基盤的脆弱化與空洞化（辻清明，1969: 135-136）。

明治日本的地方自治的非政治性格，致使其具體內容局限於地方行政，官治色彩濃厚。市町村在當時具備獨立的法人格地位，亦擁有自治條例與規則的制定權，民意機關的市町村會由公民的等級選舉產生的名譽職議員組成，而執行機關分別在市由市長與合議制的市參事會（市會推薦選舉）擔任，在町村則由町村長擔任。市長經由市會推薦後由內務大臣選任，町村長則由町村會選舉。（參見圖 2-1）此時期三個主要的特徵為：（一）都市的自治權較町村弱；（二）限制選舉與等級選舉制度；（三）間接選舉的複選制（土岐寬等，2003: 56-57）。然而，這個乍看之下賦予地方名望家極大保障與特權的市町村自治制度，在實質上卻因為府縣知事與內務大臣廣泛與強橫的監督，而缺乏真正的自主自立性（橫道清孝編，2004: 23-24）。至於當時 3 府 43 縣制與郡制則肩負著國家統治完整的任務，間接選舉產生的議員組成的府縣會的職權受到嚴格的限縮，執行機關俱由中央官派的府縣知事與郡長擔任，主要的輔助機關亦派遣國家官員赴任，其地位屬於國家「總合出先機關」（派出機關），性格則屬於地方官治（土岐寬等，2003: 55）。此後，日本地方制度幾經變革，重要者有 1899 年府縣會議員選舉由複選改為單選制（直接選舉）、1911 年降低市參事會的權限改為市長獨任制、1921 年廢除郡制實施地方二級制、1926 年廢除等級選舉、1929 年強化市町村的自治權限與府縣的自治性格。由此觀之，伴隨著從明治維新到「大正民主」時代的腳步，日本地方自治的色彩日益鮮明，而中央行政機關對於地方的控制則日趨減緩。

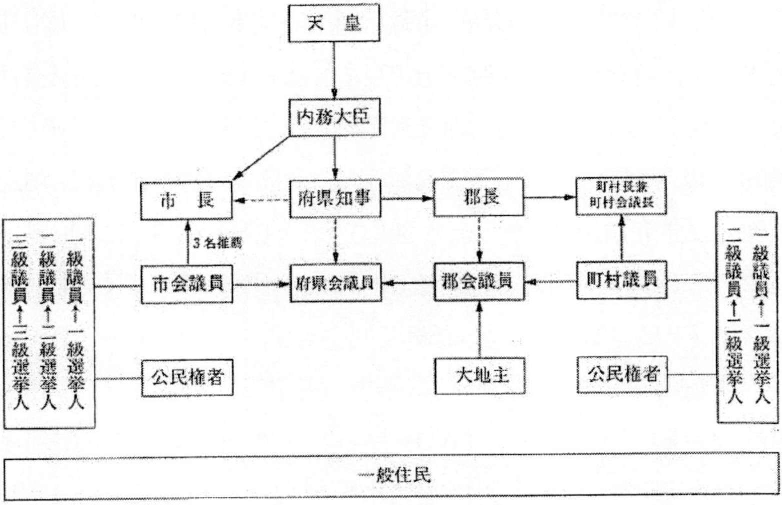

圖 2-1　明治日本的地方自治制度之構造

資料來源：（大東文化大学国際比較政治研究所編，2001: 262）

第一次世界大戰後，日本雖然曾出現過以「政黨內閣制」為基礎的「大正民主」的短暫時代，然而隨著世界經濟大恐慌的勃發，日本國內的各種矛盾一舉表面化，日益腐敗的明治憲政體制遭到空前的質疑，社會亟需更加強大及有效的中央統治系統來進行鐵腕管理，因而導致了軍方勢力的崛起。受到明治日本的德國化政策之歷史影響，日本軍方同樣仿效當時納粹德國的軍部獨裁體制與全體主義體制，試圖將日本帝國改造為超國家主義與軍國主義國家。同時，軍方與「革新官僚」合作，對內確立「統制經濟體制」來克服經濟危機，對外則企圖以擴張版圖來導引國內各種矛盾的流向。從此以降，日本開始如雪崩般地向周邊各國發動侵略戰爭（安世舟，2001: 289-291）。1931 年的滿州事變（九一八事變）之後，日本帝國嘗試轉型成為由軍官與技術官僚統籌指揮的「總力戰體制」，最後在 1940 年正式成立被稱為「新體制運動」的戰時國民總動員戰體制。

毋庸置疑地，地方自治亦因軍國主義的崛起而走向終結，或是說暴露出其形骸式的本質。特別是 1943 年的改革，一方面以首都防衛為理由，設置由中央官派首長的東京都制；另一方面則是推動市町村的官治化，從而確立「國家行政的第一線機關」之目標。此外，各種地域住民組織亦被強制納入市町村的末端機關，以對應總動員體制（辻清明，1969: 136-137；土岐寛等，2003: 60）。至此，明治與大正時期所累積的地方自治之成效，在昭和初期迅速地冰消瓦解。當時，日本軍部與經濟技術官僚所組成的中央集權政府，為了確保一般大眾最低限度的生存，並使從軍者無後顧之憂，故與納粹德國同樣實施國家社會主義政策，其統合了日本的產業界與勞工團體，推動「戰時社會主義」體制的改革，以實施某種程度的社會福利政策。[26]最終，這個逐漸升級成為激進的國粹主義與霸權主義的中央集權國家的脫韁暴走，在對內進行精神的鎖國與人民的奴役，對外奪走自他諸國無數的生靈與物資之後，導致了整個窮兵黷武的帝國自身的覆滅殘破。明治維新所建立的大日本帝國，因中央集權而興，亦因中央集權而亡。

[26] 因此，「1940 年體制」被視為現在日本社會福利體制的起源，但兩者的實質內容差距很大，前者係屬國家社會主義的概念，後者則是民主社會主義。

縱觀明治維新到二戰結束之期間，日本朝野並非全然僅有支持中央集權之聲音。其中，以福澤諭吉與石橋湛山兩人最為知名。明治時期著名的啟蒙思想家福澤諭吉，曾於 1877 年發表《分權論》一文，鼓吹英美型議會民主體制的改革方向，以對抗藩閥政府日益傾斜的普魯士・德意志帝國型君主專制體制的道路（田中浩，2000: 99-103）。[27]體認到當時因明治維新而導致喪失身分的特權與財產的保障的武士階級之處境，在消弭士族不滿與促進民權的前提下，福澤諭吉提出「政權」與「治權」分立的主張。亦即，政權歸屬中央政府，而治權則賦予地方議會，從而促使舊時代的士族能夠在新時代中找尋到新的舞台。對於福澤諭吉而言，當代的民權應當監督中央集權的國權，為了防止官民之間產生諸多無益的糾紛，因而必須先確立由地方自治到中央政治的方向性（田中浩，2000: 99-103）。明顯地，福澤諭吉的地方分權論充滿著歷史妥協的因子，並非民主國家的地方分權之常態模式，然而其「國權對民權」、「政權對治權」、以及「集權對分權」的思考模式，卻是暗合民主分權之精神，對於當時的日本社會的思想啟蒙之重要性不言而喻。曾於 1956 年擔任過 2 個月內閣總理職務的石橋湛山，在 1924 年發表〈行政改革の根本主義——中央集権から地方分権へ〉的社論，提倡地方分權方是民主發展的

---

[27] 明治維新以「明治 14 年(1881)的政變」為分水嶺，之前稱為「第一維新」，其後則稱為「第二維新」。當年的政變，表面上是選擇以普魯士君主立憲政體為師法對象，並正式宣布於 1890 年設置國會為目標，但在實際上，卻是將政府內部之中，由大隈重信與福澤諭吉的學生組成的英國派勢力一掃而空（田中浩，2000: 101-102）。無疑地，從福澤諭吉的角度觀之，第二維新是已然使得日本的文明開化產生挫折。

正確方向。石橋湛山認為，由於明治維新的歷史任務，致使官僚必須先充當人民的指導者的角色，因而導致日本政治係官僚本位的政治而非人民本位的政治。原本在政治步上正軌後必須回歸人民公僕角色的行政官僚，卻遲遲不願放棄人民的指導者與支配者的地位，致使日本出現世界罕見的中央集權主義、劃一主義，以及官僚萬能主義。而若要將政治回歸到人民手上，則必須從根本上進行地方分權的改革（田嶋義介，2004: 11-12）。時值日本大正民主時代，石橋湛山的觀點突顯了當時日本有識之士對於地方分權的支持態度。例如：日本在 1928 年舉行第一次的普通選舉時，當時的兩大政黨之一的立憲政友會，即以地方稅源移讓與地方分權改革作為競選主軸，可茲佐證。（參見圖 2-2）綜上所述，日本自明治維新以來，在政治上因救亡圖存與師從德國而構築行政優位的中央集權體制，但在思想上以民主為基調的地方分權的主張卻從未間斷過。此不啻是戰後日本學界與政界的民主與自治理念的源泉。

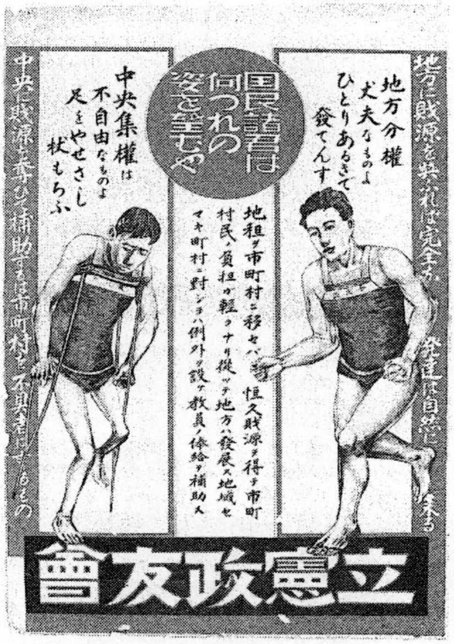

圖 2-2　1928 年立憲政友會的選舉海報

資料來源：（田嶋義介，2004: i）

第三節　戰後日本的民主改革與再中央集權

日本近現代三大政治改革中，除卻明治維新旨在建立中央集權國家以救亡圖存之外，其他在第二次世界大戰後推動的兩大改革，皆與推動地方自治與地方分權有關。奠定日本現代地基的「戰後改革」，重新引進了自由民主與地方自治的精神，使日本得以在瓦礫中以民主國家的新面貌重新迅速崛起。而 20 世紀末期啟動的地方分權改革，則是針對日本經濟高度發展後所產生的各種新弊端，所推動的政經結構調整的政府再造運動，仍可視為戰後改革的精神所延續的國家改造工程。由聯合國盟軍總司令部(GHQ)主導的日本戰後改革，主要任務為消滅軍國主義溫床與鋪設民主政治基礎，故「去中央集權化」和推動地方自治理所當然地成為其關心的焦點。特別是在中央與地方的關係上，取代《大日本帝國憲法》的新頒布的《日本國憲法》之條文，初步地確立了中央與地方的對等關係，然其真正落實的開始還是必須等到地方分權改革之推動。

日本明治維新的導火線在於美國的強制開港要求，而戰後改革亦起因於美國的軍事占領政策，可以說日本的近代化與民主化皆與美國息息相關。在這個由總統制聯邦國主導設計的內閣制單一國的藍圖之中，新憲政架構的三大原則為國民主權、基本人權、以及和平主義（永久放棄軍備）。因此，新憲法著重於消滅君權神授（進行昭和天皇的「人間宣言」的去神格化）、政教合一（消滅國家神道的祭政一致體制）、君主立憲（確立議會內閣制與天皇的虛位元首化）、殖產興業（解散由日本政府扶植的財閥）等四個面向，企圖藉此消弭日本集體主義與軍國主義重新茁壯的因子。無疑地，地方分權的相關制度亦在 GHQ 的射程範圍內。戰後改革中有關中央與地方關係和地方自治的改革，主要如次（陳建仁，2007: 577-578）：

首先，確立議會內閣制。依此，天皇從統治權的總攬者變成無實權的國家象徵，促使日本由天皇主權的君主立憲國家轉型為國民主權之議會內閣制國家。由於天皇成為政治櫥窗裡的擺設，而行政部門首長的內閣總理大臣的民意基礎僅為地方選區所選出的一介國會議員，因而在體制上不論天皇或總理皆難以再度擁有風靡全國的領袖魅力，間接消弭極端中央集權體制再度出現的潛在因素。

其次，地方自治入憲。新憲法中新增第八章〈地方自治〉（第92到95條），並明文規定基於「地方自治的本旨」，保障與法制化地方自治。[28]在第八章中，除了規定地方議員與地方行政首長由地方人民直接選舉外，其自治行政權（包括財產、事務）與自主立法權皆受到保障。（參見表2-1）由此，日本的都道府縣（第一級地方自治體）與市町村（第二級地方自治體）的「地方公共團體」（亦即地方自治團體）地位獲得確定，而非僅是過往隸屬於中央的「國家派出機關」。[29]（參見表圖 2-3）日本學者咸認，

---

[28] 何謂「地方自治的本旨」？在日本憲法中並無任何說明，其英譯為 principle of local autonomy，或可解釋為地方自治的基本原則。由於沒有明示具體的意味和內容，地方自治被視為是活著的思想與理念，與時俱進。日本學者目前普遍認為地方自治的本旨主要為國家或外力不可侵犯「團體自治」與由當地人民自主運作「住民自治」的兩個基本原則（土岐寛等，2003: 17-18；伊藤正巳，1990: 589）。

[29] 前述的日本傳統村落共同體的地方自主性格在明治維新後依然存在，而其名稱非常複雜，譬如：「町內會」、「村內會」、「部落會」、「自治會」、「區會」等，並逐漸成為正式行政區的「町村」或「市」的下游機關。在明治和大正時代，「町村」較同級的「市」的自治權還高。町村的首長為町村會間接選舉產生，而町村會成員則由限制選舉產生。相反地，「市」的首長則由市會提名內務大臣任命（1926年後改與町村相同），市會的產生與町村會相同。但在1943年，基於總動員戰的準備，日本開始進行地方自治團體的「官治化」，由無關地方的近代國家官僚機關統治取代地方自治，市町村成為國家行政的第一線機關，而町內會等地域居民組織也一併被收編為市町村的末端機關，從相互協助的近隣組織(neighborhood association)淪為戰爭協力組織。戰後改革中，除了市町村的自治團體化之外，具有半官方色彩的町內會及村

在憲法精神上，日本的中央與地方的關係已由傳統的「上下・主從」演變成新型態的「對等・協力」的關係（妹尾克敏，2004: 156）。

表 2-1　《日本國憲法》第八章地方自治相關條文

條目	內文	概要
第 92 条	地方公共団体の組織及び運営に関する事項は、地方自治の本旨に基いて、法律でこれを定める。	地方自治原則的確保。
第 93 条	地方公共団体には、法律の定めるところにより、その議事機関として議会を設置する。 2　地方公共団体の長、その議会の議員及び法律の定めるその他の吏員は、その地方公共団体の住民が、直接これを選挙する。	地方自治體的議員與行政首長由居民直接選舉產生。
第 94 条	地方公共団体は、その財産を管理し、事務を処理し、及び行政を執行する権能を有し、法律の範囲内で条例を制定することができる。	地方自治體的財政、行政、以及立法權能。
第 95 条	一の地方公共団体のみに適用される特別法は、法律の定めるところにより、その地方公共団体の住民の投票においてその過半数の同意を得なければ、国会は、これを制定することができない。	國會制定單一地方自治體適用的特別法，須先經由地方公投同意。

資料來源：《日本國憲法》

內會等制度則被改組為完全民間團體和任意團體，以俾進一步削弱日本國家機關的動員力與滲透力（土岐寬等，2003: 53-60）。

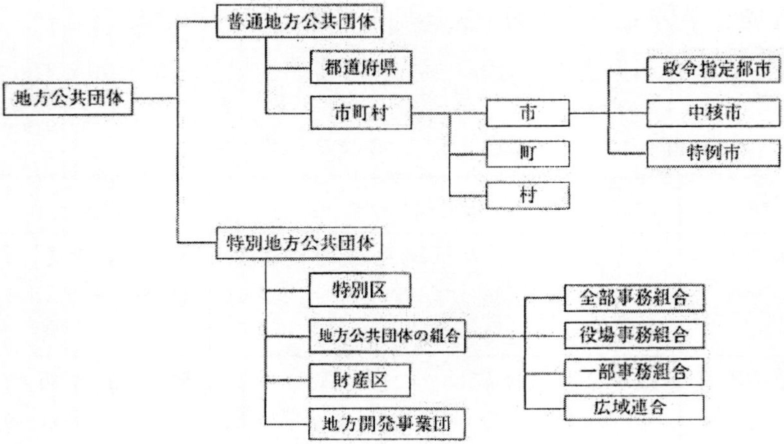

圖 2-3　日本當前地方自治制度類型

資料來源：（大東文化大学国際比較政治研究所編，2001: 263）

復次，地方自治法制化。依據新憲法的原則規定或基本精神所制定的《地方自治法》等相關法規，高度地強化日本地方自治團體的自主性和自立性。不惟如此，地方人民的權利也得到提升，其主要包含普選權、直選權、參政權等間接民主，與直接請願、住民投票等直接民主兩個面向。為確保地方自治團體運作的公正與效率，日本亦設置中立的選舉管理委員會與監察委員，以防止地方政府舞弊和怠惰的情形發生（久世公堯，2005: 31）。

最後，社會的去集權化。GHQ 廢除日本民法的家長制和長子繼承權等其他措施，藉此斲斷過去家父長統治(patriarchy)之枷鎖。在延伸的意義上，此舉係有助於除去日本傳統社會裡的中央集權信仰的政治文化，重新培育尊重個人自由與多元主義之環境。

戰後《日本國憲法》的頒布，標誌著日本整個國家體制的巨大變革。在此新建構的中央與地方關係之下，中央集權似乎不再受到青睞。表面上，新憲法讓日本成為去中央集權的國家，戰後改革中的地方制度改革讓各級地方自治團體在獲得自治權與自主權的同時，其地位也提升到與中央政府並駕齊驅。但在實際上，制度畢竟是養成而非造成的，行政體系長期以來的中央集權與一極集中的歷史慣性，致使日本的地方自治發展並未如預期的順利，反而出現「中央集權的逆流」。其最主要的形成原因在於戰後東亞國際情勢日益險峻，迫使美國的對日政策改弦易轍，轉以日本的「再軍備化」和經濟自立為目標，以俾建設日本成為「共產主義的防波堤」。同時，基於反共戰略、經濟發展、以及社會安定的需要，戰前經濟技術官僚與軍官得以藉由各種不同途徑又重新回到黨政權力中樞，致使政治與行政上的中央集權傳統難以消弭（辻清明，1969: 261-264；安世舟，2001: 283-287）。因此，雖在當時已有建議更進一步推動地方制度改革的《Shoup 勸告》[30]與《神戶勸告》[31]，但日本的中央部會卻因內外因素的影響，悄

[30] 由美國哥倫比亞大學 Carl S. Shoup 教授擔任團長的「Shoup 使節團」(Shoup Mission)，在接受 GHQ 的經濟科學局的委託後，於 1949 年 5 月起約半年間，針對有關日本稅制的問題進行徹底的調查。之後，Shoup Mission (1949)發表了《日本稅制報告書》（即 Shoup 勸告），提倡「行政責任明確化」、「效率」、「市町村優先」的三原則。此外，「勸告」在日文之意涵等同於「建議」，以下不再贅述。

[31] 「地方行政調查委員會議」（1949 年 12 月～1952 年 4 月）因議長為當時的京都市長神戶正雄，故亦稱為「神戶委員會」。該會議曾提出 1950 年 12 月的《關於行政事務再分配勸告》及 1951 年 9 月的《關於行政事務再分配第

然地出現各種抵抗地方分權的集權化修正機制的慣性回歸。在此情形之下，過去的「富國強兵」與「殖產興業」的國家目標，在自由民主與「富國一邊倒」的嶄新包裝下重新披掛上陣，行政官僚主導的中央集權系統隨之再武裝化，整個日本看似開始走回戰前統制經濟體制的舊路線，因而此時期被日本學者稱為「逆コース（逆向）時期」（土岐寛等，2003: 63）。某種程度上，日本戰後中央集權化的逆流現象，不啻是 19 世紀德國公法學者 Otto Mayer 嘗言：「憲法消逝，行政法長存」(Verfassungsrecht vergeht, Verwaltungsrecht besteht)的最佳寫照。

1960 年代以降，伴隨著經濟的快速起飛，基於推動開發行政和福利國家政策之需求，日本加速進入所謂的「新中央集權時期」。此時期權力集中之程度較「逆向時期」更巨大且深廣，其主要特徵可分為四點（西尾勝，1988）：第一、國家派出機關及特殊法人的大量設置。此類中央主導的「一條鞭」機關團體的濫設，不僅導致地方自治團體原有權限受到緊縮，亦使得地方因無權置喙而喪失其轄境上的部分控制權。[32]第二、中央委辦事項的

二次勸告》兩次勸告（合稱神戶勸告）。前者主要提出地方自治團體規模的合理化；而後者則建議因應日本國內情勢的變化，政治改革不應僅止於行政改革。同一時間設置的非正式組織的「政令諮問委員會」的答申，更是對日後日本地方制度改革產生巨大影響（小早川光郎等編，1999: 32-35）。

32 在地方自治團體的授權方式上，日本與台灣皆採用大陸法系國家的「概括授權」與「多層式事務分配方式」。其特點在於同一事務同時分配給中央與各級地方政府，中央和地方的事務沒有明顯劃分，各級政府提供的行政服務在同一地區內互相重複。因此，中央得隨時指揮和監督地方，其結果是地方自治團體容易淪為國家派出機關，區分自治事項與委辦事項的意義頗低。在多層式事務分配方式的影響下，中央將完全可以不需顧慮地方的意願，制定侵犯地方自治事項之法律與行政命令，且得直接將主管機關明訂為中央行政機

激增。由於日本在地方授權上採取法律授權，地方權限保障受制於中央，所以法律上的委辦事項越多，就意味著自治事項越少。此舉不僅因地方立法機關無法有效監督地方行政，產生壓縮地方自治空間之弊害，亦因地方行政機關在業務上多為委辦事項，而導致其與國家派出機關無異之窘境。第三、中央補助款和地方負擔金的增加。中央政府補助地方財政雖有調節國家整體虛盈之效，然在地方自治意義上，卻存在間接地迫使地方為求得中央之撥款而不得不聽命中央，形同矮化地方之問題。第四、中央命令傳達的周密化。中央行政機關習慣發布內容鉅細靡遺的行政命令，此雖有確實指導地方之功效，但亦有壓縮地方自行發展與因地制宜空間之弊害，從而剝奪地方的自主性並養成地方的依賴心。此時期與逆向時期在法制上沒有基本差別，不同的差異點則在於運用制度而非透過改革制度的中央集權化。

職是，基於現代國家的計劃經濟與福利政策的龐大化及複雜化，中央行政機關雖具有以新中央集權之姿態來指導與監督地方的正當性，然此導致國家行政體系漸形肥大化與僵硬化，而地方自主性與地域個體性卻是迅速萎縮。因此，日本的中央與地方關係又再度呈現主從關係而非夥伴關係，這同樣是戰後許多單一制民主國家所面臨之困境。

俟日本進入經濟高度成長熟爛期之後，中央集權式的經濟發

關。同理，國家派出機關與特殊法人的設置越多，地方自治團體能插手的權限就會越少，因而變相形成中央集權體制。有關「多層式分配方式」之說明，請參閱（張正修，2003b: 279-281）。

展所導致的負面因素開始出現，相反地各地的居民活動卻因各地行政問題而蓬勃發展，「革新自治體」的風潮於焉誕生（全国革新市長会編，1990）。1970 年代開始出現的革新自治體，泛指地方行政首長屬於社會黨或共產黨或接受此兩黨支援的地方自治體，或稱「革新系首長」。除了反公害、社會福祉、擁護憲法等政治主張外，這些在中央屬反對黨的地方自治體，開始嘗試推動下列主要的先進政策：（一）因應嚴重的環境汙染問題，主導制定比國家更嚴格的防止公害的自治條例，諸如「上乘條例」或「横出條例」。（二）針對造成環境破壞的官方與民間的「亂開發」，進行行政指導以為抑制。（三）推展擴大住民參與的計畫行政等（土岐寛等，2003: 68）。這些被稱為「先導行政」的革新自治體的風潮，雖然僅侷限在當時約 40%人口的區域（包括東京都和大阪府），但確實對高度成長期的「新中央集權」產生一定的抗衡作用。[33]然而，由於革新自治體與中央政府分屬不同政黨，導致中央與地方之衝突充滿意識形態與政治鬥爭之變數。而「上乘條例」與「横出條例」等地方自治法規凌駕中央法規之要求，更是涉及日本整體法秩序與法意識之爭議。[34]因此，革新系首長雖曾

[33] 這些先導行政和先驅政策的背後，有學者松下圭一（1999: 170-175）所提倡的政策基準由市民或自治體自主設定的「公民生活環境最低標準」(civil minimum)理論支撐。

[34] 1960 年代前後，日本學界發展出「法律先佔理論」，藉此解決地方立法與國家法律牴觸的問題。「上乘條例」與「横出條例」即是其中的代表類型，除此之外尚有其他類型。「上乘條例」係指地方自治條例基於國家法相同之目的，就同一對象制定比國家法更嚴格的規定；「横出條例」則是指地方自治條例基於國家法相同之目的，就國家法管制對象外之事項進行規定（蔡茂寅，2006: 221-224）。然而，無論何者，皆存在「中央法破地方法」的前提。

引領風潮，但在自民黨的強力反擊、地方財政困窘、以及主要人物退任的情形下，於 1980 年代以降相繼地競選失利。此後，日本地方分權改革之倡議不再僅僅只是左派之專利品。

革新自治體陸續消失的同時，隨著石油危機的爆發，日本各界為了重建國家財政與解決政府赤字，包括中央對地方的補助的弊端、以及地方自治體因應地方發展而亟需擴大的財政規模等問題開始受到重視，因而出現行政改革的呼籲與行動。當時，在各種以「行財政」改革與地方分權為主的討論，卻由於太過偏重在如何減輕國家負擔的「效率性」的側面，反而變相成為中央財政負擔轉嫁到地方的手段。[35]對於此種假地方分權改革之名，行戕害地方自治之實的政策，被學界揶揄其為「新新中央集權」（篠原一、西尾勝，1983）。

與此相反地，隨著自由化與民主化的時代變遷，日本地方居民的政治意識和價值觀出現重大的轉折，以地方為基礎與以地方為出發點的地方自治思維日益膨脹，迫使中央政府與地方自治體亦不得不制定相對應的政策方針以滿足其需求，故此一時期亦被稱為「地方的時代」。為了促進地域的個性化與多樣化，日本中央制定「定住圈構想」（田園都市構想）、「綜合保養地域整備法」、「多極分散型國土計畫」（消除東京一極集中問題）、「故鄉創生

35 鑑於當時嚴重的財政危機，「第二次臨時行政調查會」指出，如果所有的事務都成為行政的責任的話，那麼財政將會無限制地膨脹。要控制財政的浮濫，就必須將限制行政的工作範圍。至此，日本將行政改革與財政改革銜接在一起，而使用「行財政」改革的這個新詞彙。此為「行政的守備範圍論」、「行政的責任領域論」、以及「官民角色分擔論」的背景（並河信乃，1997: 15）。

一億元事業」等多種構想與政策，而部分地方自治體則倡導「一村一品」、「城市經營」等運動（久世公尭，2005: 38-39；土岐寬等，2003: 69）。然而，與前一時期相同地，此時期在地方分權與地方自治方面並非結構性的改變，而僅僅只是藉由運用原有的地方制度，試圖從預算和政策上的微調整來提升地方的行政效率性與有限自主性，因而中央支配的色彩依然無法拭去。

因此，在中央與地方的主導—依存的侍從主義(clientelism)結構的惡性循環之下，日本地方自治完全空洞化。即使戰後改革後日本政府進行多項有關地方行政的改革和《地方自治法》的修訂，但卻依舊徘徊於相同的中央與地方的金字塔結構當中。易言之，日本雖曾在制憲過程中一度對焦於地方分權制度，然而由於歷史慣性與國際環境的種種制約，致使此制度在運作上嚴重失焦，中央與地方關係還是在中央支配的階段原地踏步。此被日本學者稱為「制度疲勞」（森田朗編，2000: 3）。

事實上，不惟單一制國家的日本，即使是聯邦制國家的西德，雖曾在戰後因美英法蘇四國占領當局的「4D 政策[36]」之實施，使得地方分權與地方自治得以推展，然其在初期成效亦甚微。從戰後到 1970 年代之間，西德亦出現類似日本的「逆向時期」與「新中央集權」般的復歸現象，故同樣地面臨地方自治空洞化的危機（鄒文海，1989: 455-460；張正修，2003a: 105, 118-120）。

---

[36] 4D 政策脫胎於波茨坦會議中的 5D 政策(five Ds)，即去軍備化(demilitarization)、去納粹化(denazification)、民主化(democratization)、以及去中央集權化(decentralization)，僅去工業化(deindustrialization)之部分並未落實。

日德兩國不約而同地在戰後返回中央集權制度的主因有三：其一、戰前的軍國主義與全體主義之遺緒。中央行政官僚與政治人物的家父長式主導性格、地方自治體的依賴心態、以及人民對自主與參與過於疏離的政治文化等無法迅速更遷，致使政治運作習慣性地依循著過往的途徑。其二、戰後的福利國家政策與都市化現象之影響。龐大且複雜的福利國家政策，壓迫地方自治體的行政業務能量，而人口往城市集中則使得人民對於居住地區的認同感與參與意願大幅降低，此二者之現象讓中央得以順勢強力介入地方事務。其三、多層式事務分配方式之限制。兩國在中央與地方事務分配方式係同屬大陸法系國家的多層式事務分配方式，因而中央擁有任意干預地方事務的立法權與行政權的合法性（村松岐夫編，2006: 62-63）。除此之外，另一個的可能因素係囿於過去日德兩國政治制度的阻礙。雖然戰後日德兩國的官僚制度與官僚本身的運命並不相同，前者再次復活，後者卻是歷經清算而丕變，但由於傳統上大陸法系國家內閣制的官僚主導立法（草擬法案權）的色彩濃厚，民選政治人物易受專業官僚的掣肘，因而在中央行政官僚的科層決策思維與專業本位主義的籠罩之下，地方實難擺脫中央的控制。

日本與西德雖在歷史曾有過長期的封建分權時代，然一旦成為中央集權國家之後，即使曾出現過外部力量強勢主導地方分權之政策，其內部抵抗之阻力依舊存在，甚且弱化地方分權之正當性，顯見消弭中央集權傳統之不易。逐漸地，日本政府與民間發現，無論中央統治或是地方自治在現有制度下的運用調整皆已經達到瓶頸，必須有一全盤性的構造與制度的根本改革，方能打破國家目前整體的侷限性與僵硬性，此為日本脫離中央集權歷史慣性的轉折點的濫觴。

表 2-2 日本戰後集權與分權的軌跡

時間	事例	備註
1945-1950	戰後改革時期／民主的分權	GHQ 主導
1950-1959	逆向時期／反動的集權	冷戰爆發
1960-1974	新中央集權時期／革新自治體	日本經濟起飛
1975-現在	行政改革時代	泡沫經濟崩潰
1964-1980	第一次行政改革（未實現）	
1981-1993	第二次行政改革／新新中央集權 地方的時代	
1993-現在	第三次行政改革（含地方分權改革）	
1993	國會決議「推動地方分權」	
1995	《地方分權推進法》成立	
1998	第一次「地方分權推進計畫」	
1999	第二次「地方分權推進計畫」 《地方分權一括法》成立	
2000	第一次地方分權改革實現	
2000-現在	平成大合併與三位一體改革	

資料來源：作者自行整理

第四節　日本中央與地方關係之比較

綜上所述，日本並非具有悠久歷史的中央集權傳統的國家。日本古代雖曾經一度存在政教合一的中央集權體制雛型，但卻由於統治技術的不成熟與二重統治結構之原因，在中古世紀逐漸演變成封建割據的「幕藩體制」，雖然有幕府大將軍等類似中央集權統治制度的存在，但基本上地方具有相當的政治與財政的自主性。換言之，早期日本雖然在 7 世紀進行大化改新，建立以隋唐帝國為藍圖的中央集權王國，然其最終卻成為與中古歐洲較為接近的封建主義國家，並維持到明治維新的前夜。

明治日本是東亞諸國中，最早建立近代意義的理性官僚統治體系與「中央集權的單一制國家」。隨著 19 世紀列強東漸，「救國」和「啟蒙」的兩大課題，迫使日本精英尋求過去統一國家形態的復活，並配合從中央到地方的理性官僚的行政系統，以求建立近代的中央集權體制。隨著明治維新的推動，在統一國家與救亡圖存劃上等號的情勢下，日本各地諸侯的采邑與家臣團體，自願或半自願地逐步被收編為直接隸屬於中央的行政區劃與派出機關。由此，明治日本得以並透過行政官僚制度，將國家的影響力徹底穿透到地方，從而建立起中央支配的金字塔型結構，最終呼應戰前法西斯主義的中央集權至上論(statolatry)（陳建仁，2007: 573-576）。然而，由於師法當時歐美列強之緣故，近代日本的中央集權的體質迅速與帝國主義結合，在成為近代國家的同時也搭上殖民帝國最後的末班車，從而開始向外擴張版圖。並於世界經濟大恐慌後，進一步升級為激進的軍國主義與全體主義，無限縮小的個人成為無限擴大的國家擺布的對象，結果導致整個國家的失敗。

由於近代日本的中央集權化本身是受外在條件影響造成的，因而明治維新前的地方分權經驗，並未成為日本排斥地方分權的原因；同時，近代日本的窮兵黷武與個人奴化的教訓，不僅使得現代日本社會存在對於國家的不信任與過去軍國主義記憶的排斥，更對中央集權傾向充滿戒心，這些歷史因素左右了日本戰後推動地方改革的行動與思想。[37]因此，第二次世界大戰後，除了美國刻意地改造日本國體之外，日本社會本身亦開始反省過去中央集權的弊病與危險，而逐漸轉向地方分權與住民自治之思維。因此，促進地方自治，重塑公民社會，進而鞏固民主是當時最重要的課題。然而，近代以來的行政優位中央集權的體質與大陸法系單一制國家的性格，卻成了戰後改革與民主發展的最大阻礙，因而日本自 1950 年代開始迅速地再中央集權化。雖然民間社會對於過往軍國主義的教訓尚未遺忘，兼且戰後民主的地方分權的要求從未間斷，但在福利國家與經濟發展的大纛之下，以中央省廳為頂點的行政體系日益茁壯膨脹，地方自治體受到極強的束縛而缺乏自主性。當日本因泡沫經濟崩潰而面臨戰後的最大政治經濟危機時，政治人物與民間社會方驚覺行政體系已然發展成

---

[37] 此指國家藉由效忠天皇或保國衛民等大義名分來奴役個人或犧牲個人。譬如：日本社會在戰後幾乎很少使用「公民」一詞，因為這會聯想到戰前天皇＝國家時代的公民等同是天皇治下的奉公皇民，或是專指限制選舉與等級選舉時期的有選舉權者，故現在多以「市民」替代。

為難以收拾的龐然大物，因而痛定思痛地推動地方分權改革。

若從歷史制度論的角度分析，早期日本透過武力征服與宗教傳播的方式，由氏族社會的小國散布的狀態轉型為祭政國家，然而這種共主聯盟式的統一國家，其組織型態過於鬆散，地方統治完全依賴當地勢力，實難將中央的統治力貫穿到地方。即使日本過渡到律令國家之後，雖然中央朝廷嘗試派遣官員到地方赴任，但往往權力被架空，其效果不言而喻。從天皇親政到關白攝政，中央與地方的二重統治結構以及國家統一得以維持，實以強力的中央武力為背景，讓氏族、豪族、士族這些依序名稱不同的地方勢力屈服臣從。相反地，為了尋求庇護以維持自身的存續，地方勢力積極與中央的大貴族的結托，藉由建立運命共同體的傳統徒黨方式參與國家政治，因而中央層級的權力鬥爭易於延長至地方層級。俟中央朝政傾圮，地方勢力遂取而代之，實施以封建制度為基礎的幕府政治，並將原本形骸化的二重統治架構回歸到由地方勢力自行統治的原貌。同時，與律令國家的由上而下的政治過程不同，幕府政治允許有力的領地諸侯共享統治權力，其統治正當性雖然來自於天皇，但實際上的統治穩定性則是由下而上的政治過程。換言之，日本在明治維新之前，地方分權與地方自主業已具有深厚的歷史傳統。必須提醒的問題是，明治之前的地方自主，僅有團體自治的要素，而欠缺住民自治的要素。

列強叩關造成的內憂外患問題，是近代日本構築中央集權體制的關鍵轉捩點。在幕府顢頇與諸侯離心的幕藩體制遲遲無法打開難局的緊急情況下，生死存亡的壓力致使日本走到制度變遷的分歧點，因而必須選擇迅速擺脫地方分權的回饋循環的制約，另謀新的出路。而這種外因性的時間壓力，正是壓迫日本脫離既有的路徑依循的不可逆性與自我複製性，從而邁向制度換軌的主要因素。此後，日本在這條新軌道上展開疾走，即使地方分權的制度餘緒或是另一軌道的英美制民主模式亦難以顛覆或挽回，甚至在面臨世界經濟大恐慌的時刻，在基於前次解決危機的經驗下，而選擇同一方向的更高程度的暴走。職是之故，不到百年歷史經驗的中央集權體制，徹底取代了千年以上積累的地方分權傳統，直至戰敗。

戰後日本制度變遷的換軌的關鍵轉捩點無疑地即是，美國軍事占領的外力介入。然而，相較於明治維新的順利換軌，戰後改革雖然在民主憲政、自由人權、以及政教分離等各方面獲致相當的成效，但在中央與地方關係上的轉型卻相對艱難。究其原因，對於當時日本而言，普通選舉、自由主義、國民主權、信仰寬容等並非全然是新事物，故其接受程度較高，換軌也較為順利；但在這個非自願性的制度變遷過程中，由於戰前專業官僚的指導者精英取向，與大陸法系的單一制國家性格的歷史慣性，兼之戰後世界性的福利國家與凱因斯經濟學的後續影響，因而導致難以藉由從上至下的改革方式去撼動明治以來的中央與地方的上下主從關係的積習。換言之，戰後日本在自由民主改革上因關鍵轉捩點而出現制度變遷，但在地方分權改革上卻因歷史遺緒卻導致限制變遷。職是之故，有關地方自治的戰後改革部分未竟其功，地方自治體的住民自治程度略為提高，但團體自治程度與戰前相差無幾，中央與地方的力學關係仍停留在中央支配地方隸屬的階段。（參見表 2-3）日本舉國真正自願地著手推動地方分權改革與落實地方自主，並試圖擺脫路徑依循的關鍵轉捩點，必須留待 20 世紀末期之時。

表 2-3　日本中央與地方關係比較表

時期	政體	中央地方關係	關鍵轉捩點
遠古日本時期	小國林立	無	武力征服
古代日本時期	祭政國家	共主聯盟／ 地方分權	豪族官僚化
律令國家時期	王權統治	二重統治 集權→分權	外戚干政
攝關政治時期	攝政統治	二重統治 集權→分權	莊園武士興起
幕府政治時期	幕藩政治	諸侯割據 地方分權	列強入侵
明治維新時期	君主立憲	地方官治 中央集權	普選制度
大正民主時期	君主立憲	地方自治化 集權→分權	經濟大恐慌
軍國主義時期	君主立憲 全體主義	地方官治 中央集權	美國軍事占領
戰後改革時期	民主政體	三割自治 集權→分權	韓戰爆發
逆向時期	民主政體	三割自治 分權→集權	福利國家 經濟發展

時期	政體	中央地方關係	關鍵轉捩點
經濟發展時期	民主政體	三割自治 中央集權	泡沫經濟崩潰 政治醜聞頻傳
地方分權改革	民主政體	地方自主 地域主權 集權→分權	

資料來源：作者自行整理

第三章
日本地方分權改革的背景

分権が必要だ。

地方自治の充実が必要だ。

——地方制度調査会

第一節　行政改革的摸索與挫折

在單一制國家的推動地方分權，亦即中央與地方的對等夥伴關係並非易事，其癥結在於具備中央集權特性的單一制國家特別強調——如何對地方政府或地方自治團體進行有效的行政控制與執行監督(Rhodes, 1981: ch1)。晚近，各民主先進國家不約而同興起的「府際合作[38]」(intergovernmental cooperation)或「跨域治理」(interregional governance)之風潮，亦面臨此課題的考驗。府際合作大致分為兩種類型，其一為垂直型府際合作模式，其二為水平型府際合作模式。前者係中央與地方或上級政府與下級政府之間的相同業務整合；後者則為同級政府或地方自治體之間的相同業務整合。其中，單一制國家推動府際合作最大的困難點在於——如何解除中央管轄地方之制度與習慣，以落實真正意義的垂直型府際合作。

傳統上，無論出於貫徹中央意志或是防止地方割據之需要，單一制國家的中央與地方關係往往僅被視為「地方自治監督」。

---

[38] 府際合作就字面上的解釋係指在突破過去層層節制和壁壘分明的行政區劃統治的藩籬上，各政府之間共同處理某些特定的公共事務。而其彼此之間的互動往來，則稱為府際關係。傳統行政模式與府際合作模式之差異點在於：前者堅持中央政府在所有公共事務和各級政府之間，扮演資源分配和指揮監督的角色；後者則重視垂直或水平層級內各政府間彼此分享權力，強調跨行政區與跨部門的整合與協調，中央政府在此僅是平行互助過程中的一個行動者。換言之，前者代表著傳統上傾向權威主導、向上集中、封閉本位、各自為政的舊地方主義；後者則是代表著主張溝通協商、資源共享、開放跨域、相互依存的新地方主義(new localism)。有關新地方主義之論述，請參閱(Goetz, 1993: 199-220)。

不僅地方行政機關係屬中央政府的派出官署與隸屬機關，地方立法機關亦有淪為地方行政機關附庸之疑慮，以致產生中央箝制地方自治發展的弊害。在這種尊中央卑地方的金字塔型體制下，中央擁有對地方的絕對主導權和處置權，致使中央與地方的府際關係形成不對等的權力結構。即使是地方與地方的水平府際關係上，其先受限於中央政府（或上級政府）與地方自治體（或下級政府）的科層結構的體質，彼此並未能分享統治權；復受迫於中央及上級政府強勢介入的積極干預，故造成地方自治團體的自主性與自立性嚴重壓縮。事實上，即使是水平型府際合作，亦同樣存在如何避免中央積極干預之困境。府際合作理論中最重要的概念，即是建構對等協力的夥伴關係，然如何建立中央與地方實質的夥伴關係，其實也等於決定垂直型府際合作是否成功的最基本課題。由此觀之，中央集權國家在進行實際意義的府際合作的過程中，有可能出現本質上的扞格，致使其不論中央與地方的垂直合作或是地方間的水平合作都將遭遇困難，乃至於走回中央支配的覆轍。

1990 年代以降，日本朝野開始逐步落實一連串的行政改革 (administrative reforms)，試圖挽救因行政集權所導致的行政的效率低落、國家的債務高築、以及人民的政治疏離等民主赤字。在這一波與民主治理的核心價值不謀而合的日本行政改革風潮之中，最大的重點便是地方分權改革。如第一章所述，由於近年來歐美民主先進諸國無不體認到當前代議制度的民主弊病實與中央集權體制有不可分割的關係，因而推動地方分權與權限下放改革已成為全球性的政治風潮。同樣地，日本亦將地方分權改革視為行政改革中的重要支柱，期待藉此來解除政經危機以及深化民主政治。[39]依據新憲法條文中的「地方自治的本旨」之敘述，中央與地方被視為「對等．協力」的夥伴關係，然而從二戰結束到1980年代後期，中央集權的歷史慣性致使日本中央政府與地方自治體之間，仍然無法擺脫「上下．主從」的科層關係。換言之，對於日本而言，地方分權改革在某種意義上，即是回歸憲政意義的中央與地方關係。

地方分權改革為日本行政改革的一環，欲了解推動地方分權改革的背景，則必須先探討行政改革的始末。二戰結束以後，日本曾一度為了解決經濟復興與財政困難的問題，而進行行政組織的改造與行政程序的修正，然直到進入高度經濟成長時期，日本行政改造才開始正視行政改革。日本嘗試推動行政改革的摸索，可以略分為以下三個階段（並河信乃，1997: 15-20）：

第一階段：古典的行政改革論（1964～1980年）。第一階段的行政改革的推手為「第一次臨時行政調查會」，其會長為佐藤喜一郎，故又稱為「佐藤臨調」。該調查會以推動行政組織的精簡化與效率化為核心展開，其「答申」（調查報告）被稱為「行政改革的聖經」。然而，當時的政府僅在形式上虛應故事，因而大多數提議被束之高閣。

---

[39] 秋月謙吾(2001)即指出，地方分權的全球化之原因有大致分為三點：（一）國際環境的全球化與在地化；（二）從舊社會主義國家的破產所得到的「反中央」的教訓；（三）隨著社會經濟的成熟而出現的個性化與地域化的趨勢。

第二階段：行政的守備範圍論（1981～1993 年）。佐藤臨調之後，由「第二次臨時行政調查會」（即土光臨調）接手行政改革的推動。除了延續前一階段的主張之外，由土光敏夫擔任會長的第二臨調會更是將關注焦點，從行政組織的內部移轉到其外部界限。亦即，相較於行政組織的改造，其更重視行政應該要負責何種分野及達到何種程度，故此階段又被稱為「行政的守備範圍論」、「行政的責任領域論」、抑或是「官民角色分擔論」。究其原因在於，該調查會認為，當前行政機關已無力處理的日益嚴重的財政危機，其根源來自於行政責任的無限擴大而導致財政支出的浮濫，因而必須要限制行政的守備範圍，一方面賦權民間社會，厚植民主基礎，另一方面則是控制財政赤字，挽救政府失靈。至此，日本體認到行政改革與財政改革密不可分，因而開始使用「行財政」這個新詞彙。土光臨調的提案，促使當時日本電信電話公社（現 NTT）、日本專賣公社（現 JT）、以及日本國有鐵道（現 JR）等三公社的民營化。然而，除此之外的第二階段的改革計畫，則大多數僅停留在紙上規劃階段，或者成為前述的「新新中央集權」政策。此階段的影響力與價值，須等到下一個世紀的「中央省廳再編」（中央行政機關精簡）才真正顯現。

第三階段：政府全體的系統再造（1993 年～現在）。第二臨調結束後二年，為了監視政府的行政改革成效，以及防止第一臨調的舊事重演，因而成立直屬於總理的「臨時行政改革推進審議會」（簡稱行革審）。然而，依循土光臨調提案的前後三次的行革審發現，面對政治的壓力與官僚的抵抗，光是強調行政的守備範圍實已無法打開新局。在日本泡沫經濟崩潰後的第三次行革審的最終答申之中，最後一章的「對政治的期待」即提及，行政的掌舵在於政治的責任，亦即必須由政黨或政治人物自行提出行政改革政策，方有可能進行根本的改造。因此，由行政與民間的守備範圍的關注，轉為政治與行政之間的關係，此為第三階段的主要戰場。同時，最終答申亦要求，在一年內制定有關地方分權的大綱分針與相關法律（東田親司，2006: 106）。

面對行政優位所產生的「國民不在」的政府，第三階段的行政改革立足於前兩個階段的精神，提出「政治的復權」，亦即回歸到民主政治的本質，由人民與民選政治人物自己來決定應該要成立什麼樣的政府。此一階段的改革，已經將焦點由過去的如何推動官僚行政的內部組織型態與外部業務範圍的改革，轉變成改變官僚制度本身。易言之，改革行動者體認到，唯有從根本上取回中央省廳官僚掌握的政策決定權，還政於民，方有行政改革成功的可能性。在這樣的理念下，第三階段的行政改革突破前兩階段紙上談兵的窘境，以「三個分權、三個信賴」為中心，立足於對政治（內閣與國會）、地方、市場三分野的信賴，推動原屬中央省廳＝國家權力往此三分野的分散(deconcentration)之改革。其希冀透過原屬行政官僚權限的政治化、地方化、以及市場化，重新挽救財政經濟赤字、行政效能低落、以及民間長期對官僚體系運作所產生的「政府不信任」。

第三階段的行政改革從新公共管理(new public management)的小政府精神出發，進行政府全體的系統再造。在政治分野的復權上，以恢復立法部門的機能與政黨的改革為主，除中央省廳的合併精簡化之外，尚有：強化總理與內閣機能、透明化政府、行政組織內相互牽制、績效評估等措施。在市場分權的權限分散上，則有：規制緩和（deregulation，政府管制與法令的鬆綁）、國營企業（專賣制度）的民營化、特殊法人與「外廓團體」（中央省廳的外圍團體）的縮減、以及設置獨立行政法人與國立大學法人等政策。而在地方分野的權限下放上，主要計畫有：權限、財源、以及人事的去中央集權化、三位一體的財政改革、以及「市町村合併」(municipal amalgamation)等改革方向。此後，地方分野的行政改革逐漸具體成為日本地方分權改革的主軸。可以說，第三次行政改革基本上便是「去中央行政官僚集權的大改革」。

表 3-1　日本行政改革的三個階段

	目標	主要相關事件
第一階段	行政精簡化與效率化	1964　第一次臨調（佐藤）答申 1967　裁撤 1 省 1 局，總定員法 1970　自民黨發表內閣府構想 1979　「55 年行革」：特殊法人改革等
第二階段	行政守備範圍的限縮	1981　第二次臨調（土光）成立 1983　第一次行革審（土光）成立 1985　NTT、JT 民營化 1987　JR 民營化 第二次行革審（大槻）成立

		1988　瑞克魯特事件 1989　選舉制度審議會成立 1990　第三次行革審（鈴木）成立 1992　東京佐川急便事件 1993　55 年體制瓦解
第三階段	政治的復權	1993　第三次行革審（鈴木）答申 1994　行政改革委員會（飯田）成立 1995　規制緩和 3 年計畫 　　　地方分權推進委員會（諸井）成立 1996　行政改革會議（橋本）成立 　　　首屆行政改革擔當大臣（武藤） 1999　設置獨立行政法人 2000　首屆行政改革特命擔當大臣（橋本） 2001　地方分權推進委員會最終報告 　　　地方分權改革推進會議（西室）成立 　　　無聖域構造改革（小泉） 　　　骨太的方針 2001 2002　三位一體改革 2003　國立大學法人化 2004　道路公團民營化 2007　地方分權改革推進委員會（丹羽）成立 　　　地方分權改革推進本部設置 　　　郵政民營化 2008　公益法人制度改革 2009　民主黨政權輪替 　　　地域主權戰略會議設置 2010　地域主權戰略大綱

資料來源：以（並河信乃，1997: 17）為基礎重新整理

第二節　官僚主導神話與 55 年體制的崩潰

日本地方分權改革的契機，正值 1955 年長期執政以來自民黨政權面臨風雨飄搖之時，1993 年 6 月的眾參兩院通過的《有關地方分権之決議》即其最早正式官方文件。然而，真正使得日本地方分權改革擺脫中央集權的歷史慣性，重新尋求制度變遷的分歧點，卻是因為日本出現泡沫經濟的崩潰與連續重大的政治醜聞。1990 年代前後，這場半人為的經濟急速且嚴重衰退與密集發生官商勾結的政治腐敗事件，不僅導致了戰後官僚主導神話的破滅，亦造成 55 年體制以來的自民黨一黨優位制的瓦解。

戰後日本經濟快速成長的主因在於，官僚的全面主導與企業的積極配合，形成政府與企業之間的「合意」(goi: reciprocal consent)，從而整合資源與共享利益，達到彼此互惠的目的 (Samuels, 1987: 33-34)。行政官僚主導經濟政策與影響市場結構的方式，主要有行政指導(gyoseishido: administrational guidance)、「天下り」（amakudari，離職公務員到職務直接相關的營利或非營利事業擔任重要職務）、審議會或協議會等方式（蔡增家，2007: 12-13；森田朗等編，2008: 88-89）。[40]無疑地，日本行政官僚的支

[40] 在中央與地方關係上的官僚支配的方式，與官商關係略有差異。「天下り」是指以人事交流的名目，由中央省廳派遣或是指定人員輪流到地方的重要位置任職、抑或是中央省廳公務員退任後，直接到地方上競選公職或擔任重要職務（原田尚彥，2003: 27-30）。「協議會」則是指中央行政機關與個別地方自治體進行事務協調的會議，然其問題在於缺乏法律的依據，且在金字塔的行政科層結構下，往往流於形式而難以真正地表達地方的自主意思（森田朗等編，2008: 88-89）。

配優勢，基本上沿襲自戰前日本的官僚萬能主義與行政優位主義。與此同時，戰後日本經濟的復興與專業菁英的崇拜心理，致使日本民間出現一種優秀且清廉的行政官僚的形象，認為正是這種廉能的行政體系創造了日本經濟的輝煌成績，此即所謂的「官僚神話」（菊池信輝，1998）。在民意輿論的支持下，已成為封閉系統的行政體系得以不斷地藉由各種非正式與正式的途徑，主導整個日本的經濟發展與地方自治，直至日本泡沫經濟崩潰。[41]

1985 年，《廣場協議》(Plaza Accord)簽署後，日幣開始急速升值，為了防止因此而產生的景氣停滯效應，因而日本政府提出增加公共建設與降低利息等擴大內需政策來因應變局。然而，這些舉措卻意外地成為日本泡沫經濟的導火線，造成以土地與股票買賣為主的投機風潮，一時之間日本的土地住宅與股票價值高速攀升。面對市場與景氣的連鎖反應狂熱所出現的泡沫經濟崩潰的徵兆，日本政治人物與行政官僚卻進退失據而連下錯著。1990 年，為了抑制投機風氣，日本政府透過大藏省對金融機關進行「總

41 日本官僚優位論的開山祖師辻清明(1969: 275-277）即指出，從戰前一貫相傳的行政官僚體系，一方面在組織內部以特權精英的方式形成垂直的主從關係的結構支配，另一方面，則是在外部因一般人民的服從而擴大其影響力，因而日本出現「官尊民卑」的權威主義傾向。在國家與官僚畫上等號的前提下，這種社會特質即使到了戰後依然強韌地留存，以致戕害日本的政治民主化。值得注意的是，與官僚優位論相反地，以村松岐夫為首的學者則提出政黨優位論的異議。村松岐夫(1994: 19-21; 2001: 115)主張，握有國家最高權力的戰後國會，具有控制與指揮官僚的優勢，因而自 1960 年代以來，長期執政的自民黨實已完全掌控主導權。此兩種學說目前在日本研究上，各有支持者，相互影響。以台灣目前的日本相關研究為例，蔡增家(2007)以官僚優位論出發，而楊鈞池(2004)則較傾向政黨優位論。

量規制」的行政指導，企圖透過限制不動資融資來阻止土地與住宅價值的高漲。翌年，基於相同之目的，日本政府開始課徵地價稅。然而，這兩個對策加上後續的日本銀行的銀根緊縮政策，卻出乎意料地造成不動產融資額的驟減，反而提前引爆泡沫經濟的破裂。這場「官制不況」後續引發了不動產價值與股市指數的巨幅滑落、不良債權的遽增、金融機關的破產、失業率的高漲、以及企業的連鎖倒閉等經濟衰退與景氣低迷的惡性循環效應。從此以降，日本開始進入被稱為「失去的 10 年」(the lost decade)與「失去的 20 年」(the lost score)的「平成大不況」，整體經濟表現江河日下，因而人民對於行政官僚與政府的信任亦日益下降。在國家與官僚畫上等號的認知下，不久之後，針對中央省廳組織與權限進行改革的呼聲浮上檯面，同時解除中央行政機關對於地方自治體的控制之課題亦隨之受到注意。1995 年 9 月 12 日的《朝日新聞》的社論曾有如此的評語：「當官僚組織腐敗時，國家將從內部崩壞……『官僚神話』已經成為幻想」。

同時期政治上的表現，更是讓已身處經濟寒冬的整體日本社會蒙上低氣壓。1988 年到 1993 年之間，日本連續發生重大的官商勾結與貪汙受賄的政治醜聞事件。其中，以 1988 年的リクルート（瑞克魯特）事件與 1992 年的東京佐川急便事件最受矚目。[42]前者被視為日本戰後四大醜聞之一，涉案的政治人物超過 90 人以上，包含許多重量級的內閣大臣與國會議員，因而引發政界的

42　其他尚有 1988 年的砂利船貪汙事件、1991 年的共和貪汙事件、1993 年的「ゼネコン」（general contractor，綜合建設業）貪汙事件等。

大地震與自民黨內部的權力洗牌，最後在民意的壓力下，內閣被迫總辭下台；後者同樣在日本政界造成重大影響，不僅導致自民黨最大派閥與自民黨本身的分裂，亦因當時兩大政黨皆涉及其中，以致日本國民普遍產生對於既有政黨的不信任感，因而間接導致自民黨長期執政的「55 年體制」的崩壞。無疑地，這些醜聞揭開了自民黨高層貪汙腐敗的金權政治的真相，導致日本社會對自民黨的支持產生劇烈動搖，加上冷戰的結束降低了自民黨一黨優勢保守政權繼續執政的正當性，故在 1993 年 8 月，自民黨首度失去長達 38 年的政權，改由多黨聯合政權（非自民非共產連立政權）執政。[43]

在自民黨短暫在野的這段時間，日本開啟了近年來兩個重要的政治改革，即選舉制度改革與地方分權改革。地方分權改革的中心人物西尾勝（2006: 25）便曾坦承：「正因為是聯合政權，所以地方分權改革才有可能實現」。顯見，地方分權改革在政權交替之前仍然是實現之日遙遙無期，唯有在執政黨喪失政權時，方是讓日本政治脫離中央集權歷史慣性的關鍵因素。事實上，地方分權改革得以實現，除了官僚神話與 55 年體制的崩潰，促使日本社會認知到中央集權體制的沉痾外，多黨聯合政權的首任總理細川護熙本身亦是重要關鍵。一方面，細川護熙是國會當中少數曾擔任過 8 年的地方首長（熊本縣知事）的議員，故較為深入體

43 某位日本學者曾私下向筆者透露，其認為被視為日本第三階段的主要行政改革對象的行政官僚，在某種程度上，其實是政治人物刻意塑造的「替罪羔羊」。

會中央集權體制對於地方自治之弊害。另一方面，細川護熙曾擔任過第三次行革審的部會長，亦是接受第三次行革審《最終答申》的總理，因而能夠重視地方分權的建議。因此，細川政權的「首相公約」(政見)，即是接受第三行革審之建議，以地方分權為優先課題，在其 263 日的在任期間內奠定日後《有關地方分權的大綱方針》與《地方分權推進法》的基礎（西尾勝，2006: 20；東田親司，2006: 104-106）。

在政權輪替方興未艾的這段期間中，有關日本地方分權改革的重要文獻陸續發表，主要依序有前述的第三次臨革審的《最終答申》、地方六團體[44]的《關於地方分權推進意見書》、第 24 次地方制度調查會的《中間報告》、以及受上述意見影響而成立的內閣行政改革推進本部地方分權部會本部專門員的《意見・要旨》等，並不約而同地定焦於「正式地重新調整國家與地方的角色分配」(森田朗編，2000: 24-26)。同時，雖然在國家事務的管轄範圍界定上存有若干的差異，然而這些文獻在於縮減國家事務和中央權限下放的議題上，卻有一致的肯定意見。

職是之故，日本在此一時期雖走馬燈式地連續出現多屆短命內閣，自民黨亦在 1994 年再度成為執政黨，但因日本朝野的共識已然形成，故地方分權改革的腳步並未停滯。然而，對於推動地方分權改革之方式與方式，在早期卻是百家齊鳴、眾說紛紜，

[44] 依據《地方自治法》第 263 條之 3，日本地方行政機關首長與日本地方立法機關議長所組成的六個法定團體，分別為：全國知事會、全國都道府縣議會議長會、全國市長會、全國市議會議長會、全國町村會、全國町村議會議長會。在有關地方自治事務上，地方六團體得向內閣或國會提出意見。

故有「混聲合唱」之謂(辻山幸宣,1994: 1-15;沼田良,1994: 6-9)。

第三節 從混聲合唱到改革合流

日本地方分權改革的形成，大致可以歸納為四個源流：政治改革的源流、行政改革的源流、地方制度改革的源流、以及首都一極集中改革的源流（西尾勝，1999）。因此，地方分權改革從最初開始，即是處於錯綜複雜且互不相讓的「混聲合唱」與「同床異夢」的狀態。以下，除了前述的行政改革之外，茲分別介紹另外三個源流之內容。

首先，政治改革的源流。日本阻礙地方自治發展最鉅的中央層級的政治弊端當中，最為有名的即是地方利益誘導制度。地方利益誘導是指在日本傳統派閥政治之下，為求長期穩定的執政與選舉的勝利，因而積極地將地方利益與政府的公共工程掛勾。這種類似政治分贓的制度，在戰後自民黨的長期一黨優位制的執政下非常地盛行（御厨貴，1988 141-144）。「我田引鉄」即是形容這種地方利益誘導制度最為生動且有名的日式造語，其意指政治人物或地方有力人士為了選區利益，不惜運用各種方式強制更改原來的設計圖，以爭取鐵路或新幹線的車站設置在自己的選舉區域內。這種利益誘導制度突顯了兩個弊端，在中央層級上，形成了「政官商癒著（勾結）構造」的金權腐敗政治的溫床；在地方層級上，則導致地方自治體必須頻繁地往返中央，透過「永田町」

（國會所在地）之仲介，輾轉向「霞ヶ関」（省廳所在地）進行陳情訴求。此兩者之弊端，最後歸結成為選舉制度改革與政黨助成金（補助金）制度的政治改革。然而，就後者而言，為了徹底解決利益誘導與利益還原的流弊，以及排除國會議員的仲介，則有將集中於中央各省廳的權限與財源移轉予地方自治體之必要，此即日本政界從政制改革的源流中，衍生出地方分權改革的分流之原因（西尾勝，2006: 12-14；2007: 267-270）。

其次，地方制度改革的源流。自 1952 年起，依據《地方制度調查會設置法》，第一次地方制度調查會（以下簡稱地制調）成立。地制調係依據隸屬於內閣府的審議會（總理諮詢機關）之一，其目的在於針對現行地方制度進行全面性之檢討，以落實憲法之基本理念。調查會委員與臨時委員皆屬兼任性質，任期為兩年，得連任，由總理任命之。自 1952 年以來至今（2010 年），共計成立 29 次調查會與發表 50 篇答申，其對於日本地方制度改革具有相當重要的影響力。其中，第 24 次地制調曾於 1994 年與 1996 年，分別發表《有關地方分權推進之答申》與《有關伴隨著地方分權的推動的地方行政體制之整備・確立的專門小組委員會報告》兩篇與地方分權改革相關之文獻。從此，在回應憲法基本理念的「地方自治的本旨」的精神下，日本地方制度改革與地方分權改革合流。

最後，首都一極集中改革的源流。日本首都東京是世界上人口最多的都市，無論是人口、資源、商業、交通等各方面皆呈現高度集中的狀態。東京一極集中的現象，不僅在內部環境上，由於人口過密而造成生活品質的惡化與危機處理的弱化，因而導致遷都與設置副都心或新都心的呼聲四起外，更在外部環境上，由於磁吸效應而產生地域之間的發展與貧富落差的擴大，所謂「一都榮則萬村寂」的傾向（沼田良，1994: 7）。換言之，人口高度集中於東京的結果，致使非東京都地區出現人口銳減與高齡化的問題，從而導致地方自治體在極度欠缺人才與財源的情形下，難以推動經濟發展與社會福利。這種情況下，不啻是加深了這些以老年人為主的地方自治體，對於中央省廳的行政指導與財政挹注的依賴程度，進而陷入中央集權的惡性循環。面對城鄉差距擴大的窘境，則有必要進行財政分權改革與行政區劃合併，以重新振興地方經濟與完善福利措施。有鑑於此，首都一極集中改革者逐漸將步伐轉往地方分權改革的方向前進。

職是之故，日本政治改革、行政改革、地方制度改革、以及首都一極集中改革的視線，漸次地聚焦於地方分權改革身上。而將這些改革的精神與訴求重新予以彙整且匯出的中介橋梁，即是「地方分權推進委員會」。

第四節　地方分權委員會的奮鬥

1995 年 7 月，依據《地方分權推進法》，在日本各界的期待下，地方分權推進委員會（以下稱分權委）正式成立，從此開啟了日本地方分權改革的序幕。分權委計有 7 名委員，涵蓋當時民間企業經營者、地方行政首長、以及大學教授等產官學代表，但刻意排除了行政體系的成員。（參見圖 3-1）[45]原為法定期限五年的時效機關的分權委，曾延長一年時間，於 2001 年 6 月發表《最終答申》解散，其中歷任社會黨村山內閣、自民黨橋本內閣、小渕內閣、森內閣、以及小泉內閣等五代首相。分權委主要承擔兩項任務：其一、擬定地方分權推進計畫的具體方針，同時向總理提出建議；其二、監視地方分權推動計畫執行的實際狀況，並向總理闡述意見。分權委在六年的任期內，總計開設 245 次正式的委員會會議，其努力與成果備受日本社會肯定（島田恵司，2007: 102）。

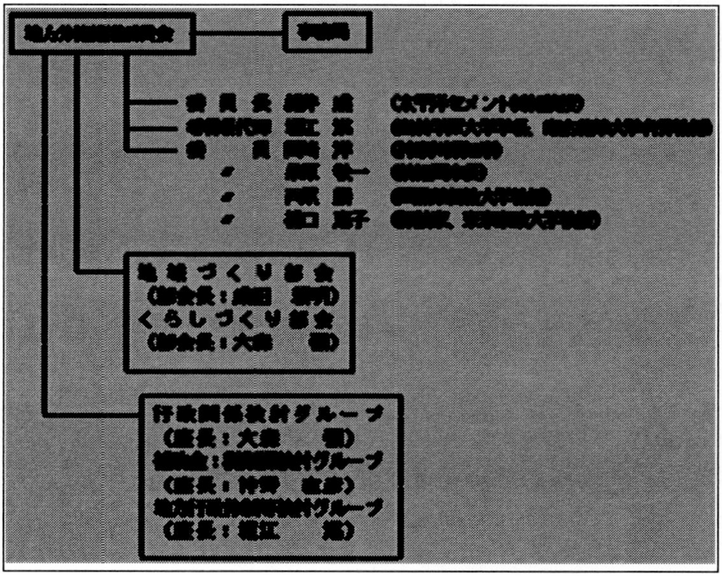

圖 3-1　地方分權推進委員會組織圖

資料來源：（地方分権推進委員会事務局網頁）

[45] 最初委員會的成員當中，原神奈川縣知事的長洲一二與原宮城縣知事的山本壯一郎於任期內過世。

分權委可說是日本地方分權改革的實際催生者，在地方六團體與社會各界的全力支持下，其跳脫總理轄下的諮詢機關的消極身分，轉而成為與中央行政機關各省廳衝突與協調的推動機關的積極身分。日本內閣決議推動的「第一次地方分權推進計畫」，便是以分權委第一次到第四次的《勸告》為基礎；而分權委的第五次《勸告》，則成為「第二次地方分權推進計畫」的主軸。此外，日本國會並依據所有的《勸告》，在 1999 年 7 月制定《地方分權一括法》，總共修改 475 部法律以對應地方分權改革。[46]分權委(2000: ch1)在《最終報告》中將其推動之改革定位為「第一次分權改革」，而「第二次分權改革」則由其後繼機關的「地方分權改革推進會議」（參見圖 3-2）接手處理關於地方稅財源的調查審議。從此，日本又再次步入「制度改革時代」（土岐寬等，2003: 75）。

地方分権改革推進会議委員名簿

議長	西室 泰三	株式会社東芝取締役会長
議長代理	水口 弘一	中小企業金融公庫総裁
委員	赤崎 義則	鹿児島市長
	岩崎美紀子	筑波大学大学院人文社会科学研究科教授
	神野 直彦	東京大学大学院経済学研究科長
	竹内佐和子	株式会社投資工学センター代表取締役社長・東京大学大学院工学系研究科MOTコース教員
	谷本 正憲	石川県知事
	寺島 実郎	株式会社三井物産戦略研究所所長
	森田 朗	東京大学大学院公共政策学連携研究部・公共政策学教育部（公共政策大学院）部長
	吉田 和男	京都大学大学院経済学研究科教授
	吉永みち子	ノンフィクション作家

※ 50音順

圖 3-2 地方分權改革推進會議組織圖

資料來源：（地方分権推進委員会事務局網頁）

[46] 但國會僅討論其中 10 部法律，其他法律都是包裹表決。

為了重新調整中央與地方的角色定位與建構中央與地方的對等關係，分權委咸認，日本的地方分權改革政策必須進行中央省廳對地方自治體在權限、人事、以及財源上的制度鬆綁與管轄移轉。然而，這些改革必須要先取得中央行政官僚的首肯，在官僚本位主義與中央指導心態的影響下，中央省廳並不願意放棄既得利益，故此為分權委首先遭遇的困難。事實上，分權委早先亦有感於官僚抵抗勢力的強大，而僅消極地將基本戰略侷限在「縮小廢止國家的關與」，而非「界定中央權限範圍，其餘權限下放地方」（西尾勝，1997；森田朗編，2000: 28）。究其原因，乃在於分權委最初依據自由討論，所提出的激進地方分權改革的《中間報告》之爭議。雖然在社會上頗受肯定，然卻遭到中央各省廳的猛烈反彈。由於當時日本各省廳事務次官等會議採取共識決，所有的政策執行與法案草擬都必須得到全部省廳的一致首肯，只要出現某一省廳反對之情形則該案便予以擱置，等同於個別省廳變相地擁有法案的否決權，故分權委在初期的發展並不順遂。此種現象必須等到 1998 年《中央省廳等改革基本法》通過後，增加總理大臣在跨省廳法案的基本方針的發議權等強化內閣機能措施後，各省廳官僚本位主義與決策多頭馬車的問題方獲得初步改善。

因此，面對來自於中央行政機關的強勁逆風，分權委在之後皆採取較保守的戰略，從第一次到第四次的《勸告》都是分權委在事前積極地與各省廳先進行「省廳間折衝」，分別取得各省廳官僚的同意後，再交由內閣決議通過。因而原本僅是諮詢機關的分權委的前四次《勸告》的事項，最後竟有95%具體地成為第一次地方分權改革的計畫內容，特別是成功廢除全部的「機關委任事務」與部分的「必置規制」，其成果可謂豐碩。然由於其決策過程處處可見與中央省廳以及地方六團體妥協之犧牲，故此次改革仍有許多不充分之處（西尾勝，2006: 38）。就日本當時的決策體系觀之，《中間報告》之前的分權委的態度較類似第一臨調的處理方式，僅重視提案的理想性與前瞻性，而將實踐與否交由政府自行判斷；而第一次到第四次的《勸告》則屬於第二臨調的路線，亦即事前重視與對手（官僚與族議員）的溝通與妥協，以尋求改革政策的實現可能性（東田親司，2006: 109）。進而言之，後者即是所謂的遵守日本中央省廳的「霞ヶ関ルール（規則）」的典型（西尾勝，2007: 34-35）。

然而，在此之後，分權委遇到更大的兩次挫折。第一的挫折是第五次《勸告》原來建議將原有屬於中央的權限儘可能地下放給都道府縣，但卻受到相關省廳官僚與依附的國會議員的激烈抵制，而終告失敗。其結果導致目前日本市町村接收了都道府縣的權限下放，但都道府縣卻未承接中央的權限移轉，因而產生都道府縣事務空洞化的困境。第二的挫折則是來自於分權委在《最終報告》中，直接主張應優先解決中央對地方的財政束縛，亦即將國稅轉為地方稅的「稅源轉讓」政策，卻在當時的掌管財政大權的省廳的否決抵制下擱置，而未進入內閣決議的程序。縱然時至今日，分權委所遇到的此兩次挫折，依舊是當前日本地方分權改革的未完成的首要課題。

日本第一次地方分權改革解除了中央對地方的權限和人事的限制，使得地方自治體在行政上更為自主和自立，然仍有財政的限制尚需處理。由於分權委主要因地方六團體在背後支持而能與中央各省廳進行斡旋協調，故分權委除了不主張中央省廳不同意的改革外，同樣不主張地方六團體反對的改革。地方財政改革便是最明顯的案例。有鑑於鬆綁地方財政限制與稅源移讓將產生懸殊的城鄉落差，因而分權委主張必須同時確保地方自治體能夠擁有一定的行財政基礎；亦即唯有擴大地方自治體的人口規模，方能建構具備完整自治能力並得以承擔權限下放業務的地方分權「受皿」（載體），故地方財政改革與地方自治體合併應配套實施。但因顧慮到地方六團體有可能對於重新調整行政區劃的強烈反對，以致於分權委在初期並未青睞於地方財政改革。也因此，突破這個僵局的壓力來源並非中央行政機關或是地方六團體，卻是朝野各黨的國會議員的支持。由於議員大多數皆認為地方自治體合併已刻不容緩，至此分權委才能將解決地方財政議題納入改革視野，並在《最終報告》中定位為第二次地方分權改革的支柱（西尾勝，2006: 30-33）。

分權委後繼機關的「地方分權改革推進會議」，已於 2004 年提出最終意見《為了未來國民的幸福》後解散。2007 年起迄 2010 年，日本內閣府依據《地方分權改革推進法》，另行成立「地方分權改革推進委員會」，逐步朝向地域主權國家前進。[47]（參見圖

47 「地方分權改革推進委員會」總共提出 4 個《勸告》與 2 個《意見》，分別為：《第 1 次勸告～確立立基於生活者的視點的「地方政府」》、《第 2 次勸告

3-3）現在進行式的地方分權改革，係日本少數在缺乏外部環境壓力下自發性推動的政治改革，在 2001 年解散的分權委至今約 10 年的期間，日本的地方分權改革仍然遵循其開拓的足跡前進，作為原動力的分權委居功厥偉。

地方分権改革推進委員会 委員・専門委員名簿

（敬称略）

	氏名	役職
委員長	丹羽 宇一郎	伊藤忠商事株式会社取締役会長
委員長代理	西尾 勝	財団法人東京市政調査会理事長
委員	井伊 雅子	一橋大学国際・公共政策大学院教授
	猪瀬 直樹	作家・東京都副知事
	小早川 光郎	東京大学大学院法学政治学研究科教授
	露木 順一	神奈川県開成町長
	横尾 俊彦	佐賀県多久市長

役職名は平成21年11月時点のもの

（注1）委員の発令は平成19年4月1日。ただし、西尾委員の発令は19年11月26日（委員長代理への指名は20年4月8日）

（注2）増田寛也委員（平成19年4月1日発令。発令時は岩手県知事。委員長代理への指名は4月2日）は、19年8月31日付けで委員を辞職

（注3）地方分権改革推進委員会令（平成19年政令第102号）第1条に基づく専門委員として、齋藤 弘（平成20年1月30日から21年2月20日まで。発令時は山形県知事）、松田 隆利（平成20年1月30日から22年3月31日まで。20年7月11日以降、国家公務員制度改革推進本部事務局次長）が任命された。

圖 3-3 地方分權改革推進委員會組織圖

資料來源：（內閣府，2010）

～朝向確立「地方政府」的地方的角色與自主性的擴大》、《第 3 次勸告～擴大自治立法權以實現「地方政府」》、《第 4 次勸告～強化自治財政權以實現「地方政府」》、《有關伴隨道路河川移管的財源等處理之意見》、《有關國家直轄事業負擔金之意見》。基本上，該委員會除了承襲過去地方分權改革的市町村優先原則、權限下放、財政分權、分權型社會的活化、透明化政府等方針外，另外再提出道州制（國家權限下放到都道府縣）、生活者本位、住民自治、自治立法權、以及「地方政府」等新的改革要素。值得一提的是，地方分權改革推進委員會，企圖將過去日本官方地方公共團體的稱謂，重新定位為「地方政府」，以彰顯其具備綜合行政性與完全自主性。然由於適逢日本政黨輪替與首相更迭頻仍之際，地方分權改革推進委員會的後續影響仍有待觀察。

第四章
第一次地方分權改革：行政的自主自立

地方自治を支えるものは
地域を愛する感情である。
この要素なくして、
グローバリゼーションの時代において
国家と地方自治の質を確保できないであろう。

——村松岐夫

第一節 中央對地方的傳統支配模式

戰前日本有關地方事務之業務，主要由號稱內閣第一部會的內務省負責。內務省的職權繁多，主要有掌理警察、土木、衛生、及地方行政等事項，內務大臣被視為副總理，擁有強大的權力支配當時日本所有內政事務，包括以「特等高等警察」（相當於警備總部）監視管控人民。戰後，GHQ 依據自由化與民主化的原則，迫使大權在握的內務省解散，除了將部分權限分散到地方民選的都道府縣首長外，其餘業務則分別由建設省、總理府、國家公安委員會、警察廳、勞働省、厚生省（原為獨立的衛生局與社會局）、自治省等中央省廳繼承。同時，被視為內務省嫡系的自治省刻意延後到 1960 年方才成立，因而成為內閣中人數最少的省廳，但由於掌握地方自治體的生殺大權，故其權力依然難以小覷。

自治省對於控制與影響地方決策的能力，除了積極的行政監督權之外，亦可以從地方自治體的統治精英背景的另一個側面得知。從戰後以來，日本地方自治體的重要職位，大多由舊內務省的官員擔任。（辻清明，1969: 265）迄 1990 年當時，共有都道府縣知事 17 人、副知事 16 人、總務部長 26 人的背景為自治省官僚出身，透過正式與非正式的途徑，自治省的統治可謂貫穿中央與地方各級行政機關。（神一行，1990）2001 年 1 月 6 日，日本中央省廳重新改組，自治省、總務廳、以及郵政省合併為總務省(Ministry of Internal Affairs and Communications; MIC)。由於總務省掌理行政組織、人事行政、地方自治、情報通信、郵政事業等各項互不關聯的事務，故被戲稱為「總和雜務省」。目前地方自治的事務，主要由自治行政局、自治財政局、自治稅務局等三個總務省下轄機關所分擔。誠然，總務省的設置有被視為戰前內務省復活之疑慮，但由於適逢地方分權改革，因而總務省對地方的管控能力，在本質上反而較過去的自治省更為低弱。

日本戰後改革之際，雖然試圖引進美國聯邦制精神的地方自治與地方分權制度，以促進地方自治體的自主性與自律性，進而促進民主紮根，但由於日本行政體系依然難以跳脫單一制國家的中央集權的舊途徑，因而地方自主與自立的程度甚為淺薄。妨礙日本地方自治發展，致使自治省得以積極管控地方的原因，可從兩種主要面向來看（原田尚彥，2003: 27-30）：

第一個面向在於制度層面的缺陷。囿於中央支配傳統的歷史慣性不易消弭的情況下，雖然憲法已明文規定地方自治之制度，但戰前舊制度中的許多國家事務，僅是改以委辦事項的方式轉移到地方層級，其實質仍是接受中央的指揮與監督，地方自治體可以在獨立的職責上自行處理的自治事項範圍非常狹隘，可以說新制度與舊制度在地方事務分配上相差無幾。況且，由於日本的中央與地方間的財源分配以國稅本位為主，地方財務不得不仰賴中央統籌或是挹注。更甚者，地方自治團體的重要行政單位與派出機關的職位，都由中央部會的派遣人員或是指定人員所壟斷，自治組織權和人事權皆被中央掌握，其扼殺地方的自主性之缺失不言而喻。同時，地方自治體因習慣於接受中央的指揮監督，遂容易產生對中央的依賴心態與消極性格，其自律性與自我責任感相對地薄弱，因而地方更加無法脫離中央之控制。

另一個面向則是屬於社會層面的改變。由於經濟發展與社會快速變遷，傳統的政治制度無法適時對應，以致於產生現代性中央集權化(new centralization)的現象。譬如：（一）交通工具發達與城鄉人口消長，解構了傳統地方共同體(community)的紐帶關係，地緣意識薄弱的居民大量產生，導致公共事務乏人問津。（二）福利國家理念增加地方自治體分擔的業務與責任，但因其人力與財力的不足，而不得不仰賴中央。（三）城鄉間的差距拉大，造成地方自治體之間的行財政能力落差，偏遠地區或是落後地區必須依靠中央的協助。（四）由於上述的原因，地方自治體的業務與責任日益增加，但由於其能力、權限、以及財政無力對應，致使中央的指導與協調變成不可欠缺。職是之故，在政治制度的制約與社會環境的遞嬗之影響下，戰後日本依然存在中央省廳與地方自治體的侍從主義結構，此是過去的自治省仍夠承襲內務省的影響力，繼續君臨在形骸化的地方自治之上的原因。

如前所述，龐大的政府赤字和民間壓力，致使需經民意洗禮產生的內閣不得不進行地方分權改革，逼使中央各行政機關放棄既有的權力與財源，將其移轉予地方自治體。如前所述，日本地方分權改革係解開過去中央對地方的權限、財源、以及人事的枷鎖桎梏，讓地方得以自立，並進一步讓各個地方自治體能夠自主地進行擴大行財政規模的合併運動。事實上，也唯有讓地方自立自主，使其與中央建立對等平行關係，才能夠真正落實夥伴關係。在垂直隸屬關係下的合作機制終歸難以擺脫上級主導與干預的弊病，而下級也很容易產生凡事依賴與消極對應等惰性，使得合夥協力成為空談。

日本的地方分權改革政策，主要著眼於鬆綁中央行政機關對於地方自治體，在權限、人事、以及財源等方面的嚴密控制，以期健全地方自治制度與地方自主能力。（見表 4-1）首先，在權限上，以「機關委任事務」（中央或上級委辦事項）的激增最為嚴重。「機關委任事務」係指原屬於中央或上級地方行政機關的事務，依法律或行政命令交由地方行政機關首長或其他執行機關（委員或委員會）管理並執行之事務。當時的日本與現在的台灣的地方政府皆同時具有雙重身分，當執行「自治事務」時為地方自治體，當執行「機關委任事務」為國家派出機關。然而，由於（一）「機關委任事務」的存在具有將地方行政機關視為中央省廳的派出機關之意涵，（二）同時中央在此事務上具有概括性的指揮監督權、積極「關與權」[48]、執行解釋權、以及財政分配權，（三）甚至是中央行政機關得以直接或間接的方式影響中央立法機關，將原應屬於自治事務之權限透過立法解釋為「機關委任事務」，因而導致中央擁有支配地方的能力。在此情形下，地方不受干預的團體自治性遭致極大的壓縮。此即中央與地方事務採多層次事務分配方式所產生之問題，故被分權委視為難以落實地方自治主因之一。

---

48 日本將中央監督與介入地方事務的行為稱為「關與」。

其次，在人事上，日本中央行政機關一方面以人事交流的名目，從中央省廳派遣指定人員輪流到地方擔任公職，結果造成地方自治團體的重要行政單位與派出機關的職位為其壟斷，致使自治組織權和人事權皆被中央掌握，此為另一種形式的「天下り」（原田尚彥，2003: 27-30）；另一方面，則是設置許多不需經過地方自治體任命或同意的「必置規制」，等於變相剝奪地方的組織人事權與自治行政權。此亦是分權委亟欲解決之問題。

最後，在財源上，日本中央通常藉由「國庫補助負擔金」（統籌分配款）的強制指定用途和「地方交付稅」的分配等方式，間接箝制與限縮地方自治體的財政權，並成為利益誘導政治的溫床，此形同戕害地方的自立性，故常有「三割自治」（三成自治）之譏。然而，由於解決財源問題涉及面太廣，又牽涉到當時地方六團體反對的市町村合併之議題，在考慮到中央行政機關與地方自治體的雙重抵抗的前提下，此議題被延後到下一階段的改革議程。

表 4-1　日本中央對地方的束縛

層　面	內　容	焦　點
權限	機關委任事務制度 必置規制的濫設 積極關與權	第一次分權改革
人事	中央官僚的地方任職 必置規制與的人事一條鞭	第一次分權改革

層　面	內　容	焦　點
財源	國庫補助負擔金的指定用途 地方交付稅的決定權 起債限制 課稅權的制約	第二次分權改革

資料來源：作者自行整理

第二節　地方分權改革的構想

如果說日本近代化的主題是中央集權的話，則日本民主化的課題即是地方分權。以提出「公民生活環境最低標準」(civil minimum)著名的日本學者松下圭一(2003: 27-31)主張，今日工業化與民主化的先進國家，以從農村型社會轉型成為都市型社會，在一方面促進科學技術的發達與白領階級的興起的同時，另一方面則是重視生活方式與政治權利的平等，進而促成大眾民主政治的產生。（參見圖 4-1）在這種社會轉型的過程中，國家僅是工業化與民主化的過渡媒介。當都市型社會形成後，國家將會分化成為國際機構、國、以及地方自治體三種層級的政府。同時，經濟、法律、文化亦同時三層次化，分別對應這三種政府類型。（參見圖 4-2）。時至今日，無論是農村型的後發國或是都市型的先進國，整體上都存在這三種層級的政治構造。（參見圖 4-3）

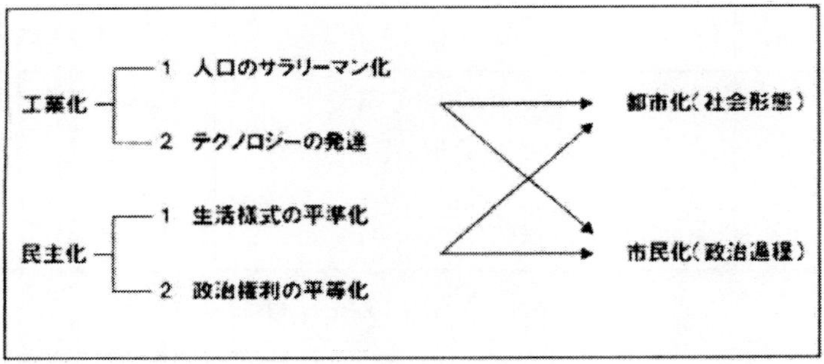

圖 4-1　工業化與民主化的進行模型

資料來源：（松下圭一，2003: 28）

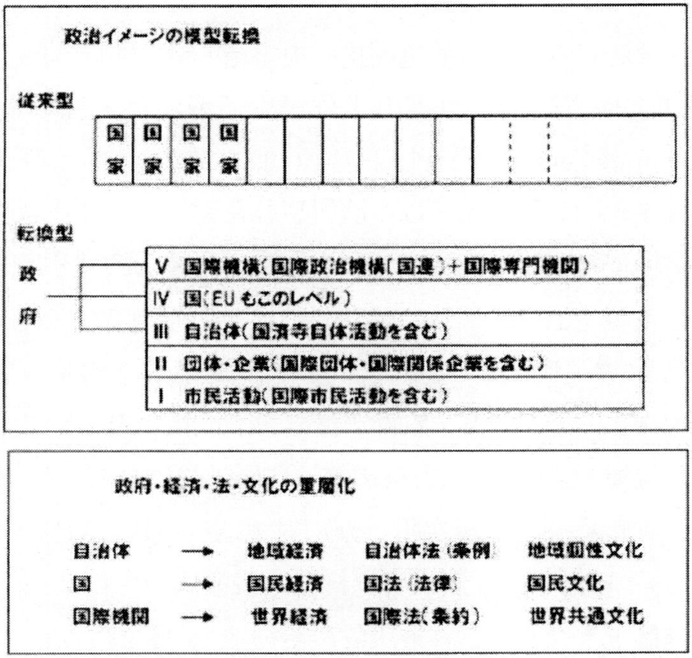

圖 4-2　政府想像的模型轉換與經濟、法律、文化的多層化

資料來源：（松下圭一，2003: 28）

同時，隨著農村型社會秩序的崩解，都市型社會的市民個人的生活全般，必須仰賴以社會保障（如健保、勞保、年金、看護等）、社會資本（如市民設施、都市設備、國民住宅等）、以及社會保險（如公共衛生、食品衛生、公害防治等）的政策與制度，以維持「公民生活環境最低標準」。換言之，人類過去能夠在農村型社會中自給自足，但是在都市型社會中卻必須依靠社會保障、社會資本、以及社會保險來維生。即使是都市型社會國家的農村，同樣如此。在此情形下，都市型社會的個人，在個人自治的範圍以外，以繳納稅金的方式構築政府，以換取生活問題的「公共解決」。而政府的三層級化，即是對都市型社會的回應。

都市型社會的事務處理過程中，先由市民自行處理「個人自治」；而當個人無法解決時，為了制定公共政策，則必須繳納稅金並且選舉政府。在政府的層級上，先繳交地方稅，建構基礎自治體與廣域自治體，並將其運作交由民選的議員與行政首長。為了解決自治體無法解決的公共課題，則藉由選舉與納稅的方式，創設輔助自治體的國家層級的政府。此外，由國家選舉與納稅的國際機構的角色亦日益重要。由此，市民依據自治體、國家、以及間接的國際機構的順序，而下而上地補足（輔助）與信託「權限」與「財源」。此即立足於「輔助性原則」的「複數信託論」。因此，當一個國家衍生出自治體與國際機構三層級政府之時，即象徵著傳統的萬能國家的想法與國家統治型理論的時代的終結。也因此，如圖 4-3 所示，政策循環模式亦由國家統治（後進國）型，轉換成為市民統治（先進國）型。日本推動的地方分權改革，正是回應上述的都市型社會的構造，將政治與行政由國家統治型轉換為市民自治型，亦即從官治・集權轉換成為自治・分權的第一步。

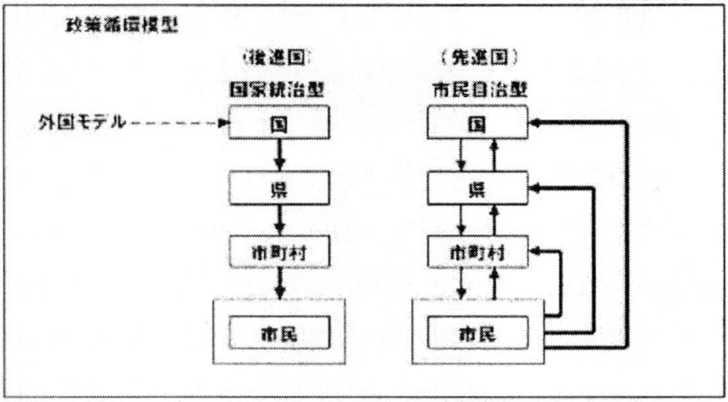

圖 4-3　政策循環模型

資料來源：（松下圭一，2003: 31）

事實上，日本的地方分權改革基本上延續戰後改革的精神，並融合《歐洲地方自治憲章》的「輔助性原則」的思維。除了一方面想要破除中央政府即國家的迷思，另一方面則要在法理上和實質上落實中央與地方的「對等・協力」的關係（見圖 4-4）。其主要構想在於，首先，無論中央政府或都道府縣或市町村，在政府層級上不復存在上下或主從之區分，其地位一律平等。其次，由基礎地方自治體（市町村）擔任最貼近居民生活的公共事務的主角，而廣域地方自治體（都道府縣）與國家（中央），則侷限於負責處理基礎自治體無法處理或是廣範圍之事務，以落實「市町村優先原則」(即地方優先原則)。復次，地方分權亦將過去由中央集權國家所支配的地方自治體與社會予以解放，使其復權與賦權，從而構築分權型社會與自治型社會。最後，藉由活性化的民間社會與地方自治體，回過頭來刺激業已僵硬麻痺的國家政治與經濟的復甦。換言之，日本希冀透過解放與恢復地方的自主化與社會的民主化，讓地方分權與居民自治能成為國家體質的自動調節裝置（並河信乃，1997: 87）。

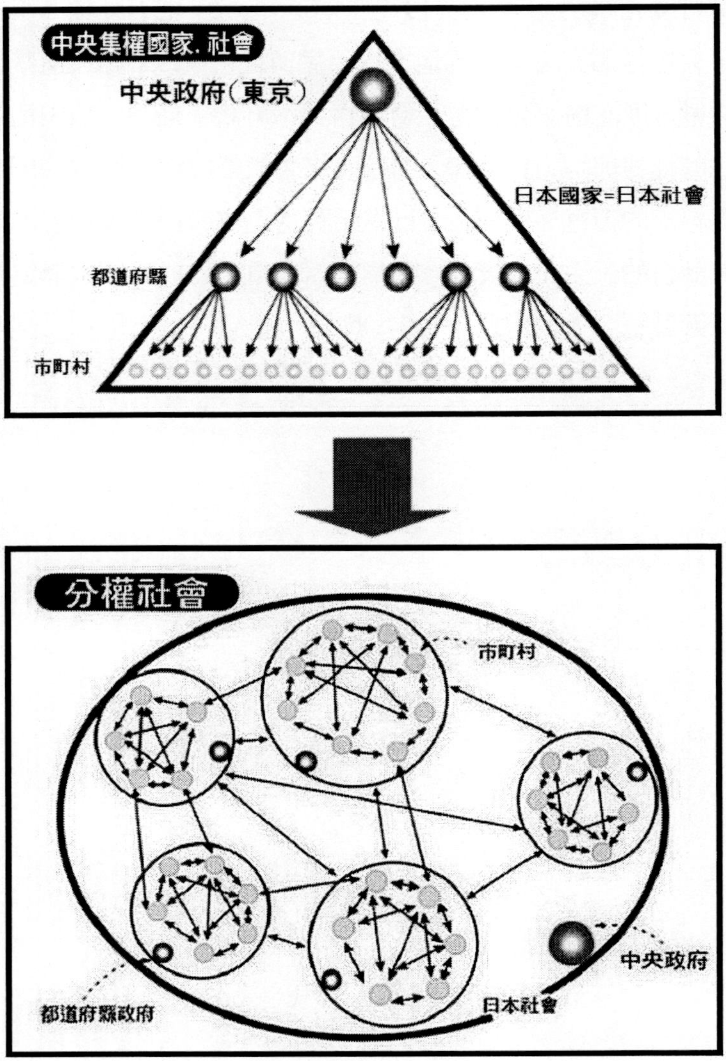

圖 4-4　日本中央與地方關係演進的概念圖

資料來源:(並河信乃,1997: 87)

第三節　中央與地方關係的再定位

如前所述，第一次地方分權改革的目的在於，鬆綁過去中央省廳對地方自治體在權限與人事上的束縛，促使地方得以自主自立。亦即，透過落實中央與地方的對等協力關係，促進地方與社會的活化，從根本上解決日本國家整體的政治與經濟弊端。日本經驗顯示，在地方分權改革中，中央仍然會適時地加以干預地方事務，譬如為了處理各個地方自治體對「市町村合併」消極抵抗的問題，中央不得不進行一系列的行財政的優惠措施，甚至直接要求都道府縣首長協助推動「市町村合併」，以增強自治體積極運作的動機。可以說中央政府從名義上的純粹的支援，轉變為實質上的近乎強制的支援態度，其指導者的角色在不知不覺中已經變質（中西啓之，2004: 17）。雖說如此，透過地方分權改革之進行，日本的中央與地方關係逐漸趨於互相尊重與平等對待，其垂直型府際合作，也由過去中央主導模式轉型成相互協力模式。這些中央與地方關係的轉變除增強地方權限、人力、財源等具體地方分權政策外，主要可以從確立中央對地方的角色定位、廢除中央委辦事項、落實基礎自治體優先原則、設置中立的爭議處理機關等四方面分析。

一、重新確立中央對地方的角色定位

依據日本新修訂的《地方自治法》第 278 條規定，「關與」

限定於「助言」或「勸告」、資料提出的請求、「是正」（針對法令違反或損害公益的地方事務處理的改善）的要求、同意、許可（及認可、承認）、指示、代執行（當自治體違反法令或怠忽職守時）、協議等計 11 類型以及其他。亦即，地方分權改革後，中央對地方的「關與」權限受到極大的約束，僅有消極的建議權與法令監督權，並無如同過去般對地方具有調查、檢查、財務監視、「措置要求」等積極干預的權力。換言之，中央或上級行政機關對於地方處理的所有事務，僅有適法性監督，而不再具備適當性監督。

同時，為了積極保障地方自治與預防中央干預，新的《地方自治法》亦制定「關與的三個基本原則」（妹尾克敏，2004: 157-158）：（一）法定主義的原則：在第 245 條之 2 規定，若無法律或政令之依據，地方自治體可不接受中央的「關與」。（二）一般法主義的原則：第 245 條之 3 至 8 則規定，中央的「關與」必須是為了達成行政目的的最小限度行為，並且需要考慮地方的自主性以及自立性，亦即遵照比例原則及尊重原則等行政法的一般原則。（三）公正・透明的原則：基於行政程序法的立法旨趣，在第 247 條到 250 條中明文規定，包括書面的提交、許可與認可的審查基準、標準處理時間的設定、公告等「關與」相關行政程序，以落實公正及公開的精神。

此外，在「關與」的程序上，亦須遵守書面主義、確保程序的公正與透明性、事務處理的迅速性等三原則。中央「關與」權限的修正，不僅消除了過去中央藉由適當性監督權與法規擴大解釋權控制地方的可能性，也制定了一個新的中央與地方的合作模式。在這個新的模式中，中央必須尊重地方的自主性與自立性的情況下，依照法律規定及法律原則對地方進行對等的行政協力行為，傳統上所稱的自治監督已不復存在。

二、廢除中央委辦事項

第一次地方分權改革後，長年來受日本各界詬病的地方自治團體的「機關委任事務」全面取消，改區分為六成的「自治事務」和四成的「法定受託事務[49]」（土岐寬等，2003: 76-77）。新的《地方自治法》廢除了「機關委任事務」的各項規定，並在第 2 條中將過去的「自治事務」和「機關委任事務」重新分為「自治事務」與「法定受託事務」。「機關委任事務」分為四個部分處理，即已經不需要的事務便立即廢止、屬於中央的事務回歸中央、而仍需要地方繼續處理的事務則再分類為「自治事務」與「法定受託事務」。進而言之，原有的 704 項的「機關委任事務」當中，除 11 項目直接廢除外，398 項目轉為「自治事務」，275 項目改為地方能夠制定條例的「法定受託事務」，另外的 20 項目則成為單一地方自治體可直接執行之業務，如國家公園的管理等。（小林良彰等，2008: 9-10）

「自治事務」雖與過去名詞相同，但其內容卻略有差異，原

[49] 日本的「機關委任事務」，相當於我國的「委辦事項」，受中央行政機關指揮與監督。而「法定受託事務」則相當於我國「自治事項」中的「委任事項」，其主導權與監督權皆在地方自治體而非中央政府。

因在於中央的「關與」權限受到極大的約束，故地方能在真正不受外力干預的情況下自行處理自治事務。至於「法定受託事務」雖然仍是中央委託地方處理之事務，但其實質已與過去的「機關委任事務」迥異，最主要的改變有三：(一)「法定受託事務」僅有過去「機關委任事務」的四成左右，在數量上受到相當的限制。(二)「機關委任事務」是中央或上級的事務，但「法定受託事務」卻被定位為地方自治體的事務，並適用新的「關與」規定，國家不得積極監督。(三)地方自治體得以針對「法定受託事務」制定自治條例。(土岐寛等，2003: 76-77)「參見表 4-2」。此外，「法定受託事務」又可分為「第一號」與「第二號」兩種，前者即為上述由中央權限下放的「法定受託事務」，後者則是依據中央法律或行政命令之規定，將原屬都道府縣權限而移交市區町村執行之事務，惟限制都道府縣不得自行創設「法定受託事務」。(森田朗編，2000: 44-45)

表 4-2　日本地方事務類型之比較

	機關委任事務	自治事務	法定受託事務
自治條例制定權	無	有（不違反法令）	有（不違反法令）
地方議會的權限	●僅有檢閱與調查權，但地方自治法施行令的部分事務為對象外 ●100 條調查權的對象外	原則上有	原則上有

	機關委任事務	自治事務	法定受託事務
監察委員的權限	《地方自治法施行令》的部分事務為對象外	無	無
行政不服審查	一般可向國家等請求審查	不可向國家等請求審查	不可向國家等請求審查
國家等的關與	●包括的指揮監督權 ●個別法的關與	新關與（消極監督）	新關與（消極監督）

資料來源：（地方分権推進本部，2000: 6）

同時，「必置規制」的再檢討，亦是第一次地方分權改革的成果之一。「必置規制」是日本特有的概念，其形成約在 1980 年代前後，為了保證各地方能夠處理特定業務的品質，因而中央部會往往要求地方自治體必須在其行政區劃或組織內，設置各種專門設施、附屬機關、以及擁有特別資格或職名的職員。其中，以當時厚生省、文部省、以及農林省為最。然而，若以地方自治體的角度觀之，此類「必置規制」實已造成必要以上的過剩干預，以致自治組織權、定數管理權、以及人事管理權受到極大的限制。因此在分權委的努力下，日本開始進行大量濫設的「必置規制」的重新檢討，以圖部分回歸地方自治體的人事任命權與自主組織權。（西尾勝，2007: 79-83）值得注意的是，在行政機關的強烈抵制之下，「必置規制」的改革大多流於形式，故有學者認為並未出現實質上的變化（島田恵司，2007: 64-65）。

三、落實基礎自治體優先原則（權限下放）

早在 1956 年，依據《Shoup 勸告》之建議，日本已於《地方自治法》中規定的「市町村優先原則」，亦即權限分配由基礎地方自治體優先處理。然而，實際上，在第一次地方分權改革推動之前，都道府縣所扮演的角色卻是「包括市町村的廣域地方自治團體」。在此情形下，不僅法律上的權限與事務分配俱是以都道府縣為重點，而忽視市町村的權能，同時都道府縣亦得以「包括的指揮監督權」，積極干預下級地方自治體，該原則形同虛文（森田朗編，2000: 118）。而隨著「輔助性原則」與「多層次治理」觀念的全球化風潮，分權委再度重視「市町村優先原則」，強調從基礎自治體到廣域自治體，再到中央政府的由下而上的權限分配過程。

伴隨著「機關委任事務」的廢止，分權委透過權限下放的方式，將原屬於都道府縣事務大幅移轉予市町村，從而落實基礎自治體優先原則。過去都道府縣主要的事務可以分為以下四種：「廣域事務」(跨域事務)、「統一事務」(由中央統一委辦之事務)、「連絡調整事務」(聯絡協調市町村之事務)、以及「補完事務」(補足市町村無法完成之事務)。在第一次地方分權改革後，中央委辦事項的統一事務隨著「機關委任事務」廢止而取消，由都道府縣主導的連絡調整事務，則與國家的「關與」同步地壓縮到必要的最小限度，從此都道府縣與市町村之間的事務處理，以「市町村優先原則」為基準。

同時，依據新的規定，針對原屬都道府縣之權限，都道府縣與市町村雙造在進行協議獲致共識後，得以透過都道府縣的自治條例的方式，進行權限讓渡的再分配。此制度的重要特徵在於，從都道府縣移管至市町村的權限，並非法定受託事務，而是自治事務（森田朗編，2000: 119-125）。自此，都道府縣喪失對市町村指揮監督的優越地位，兩者可以說逐漸形成對等協力的關係。此外，亦有若干中央權限移轉予都道府縣，惟其幅度甚小（島田恵司，2007: 64）。

四、設置中立的爭議處理機關

在中央與地方以及地方間的爭議處理制度上，1999 年修正的《地方自治法》創設了二階段的爭議處理制度。第一階段，由中立的「國地方係爭處理委員會[50]」及「自治紛爭處理委員會」來處理（第 250 與 251 條）；第二階段則是經由法院的司法解決的訴訟途徑（第 251 之 5 與 252 條）。

「國地方係爭處理委員會」主要處理地方不服對中央的「是正」的要求、許可的拒絕、其他處分、其他公權力的行使等「關與」、中央的「不作為」（中央不處理地方的申請、許可等）、以及協議等情形。該委員會由五人組成，分別從社會見識優越者選

[50] 依據〈国地方係争処理委員会〉網頁資料顯示，國地方係爭處理委員會從 2000 年 4 月至今（2010 年 10 月），總計開會 15 次，委員大多以大學教授和律師為主，目前為第四屆委員會。至於審理案件僅有 1 件，另有 1 件則因非審查對象問題而退件（總務省，2010a）。

出，其職務係非常設的兼任性質，但其中兩人以內可為常設委員，任期三年。委員的產生需先經過眾參兩院同意後，由總理大臣任命之，係一個兼具公平性、中立性、及獨立性的非常設機關。然而，「國地方係爭處理委員會」的架構，從討論設置法案之初便爭議不斷，特別是委員的常設與否、法律上的約束力、會議的定期與否等問題，至今仍備受質疑。

至於第二階段的訴訟途徑，其性質上屬於機關訴訟，亦即在前述的準司法途徑未能解決的問題，則最後得以透過司法途徑來解決。簡而言之，為了解決過去在中央與地方發生權限爭議之時，中央行政機關得以球員兼裁判，選擇對己方有利之解釋，從而導致箝制地方自主之弊端，故特地將中央與地方關係的紛爭改由中立機關處理，以防止中央或上級機關之壓迫。

第四節　地方分權改革的成果與課題

透過上述的分權改革，日本的中央與地方關係邁向新的里程碑，地方不再是中央的行政禁臠。首先，為了擺脫過去中央主導指揮的習性，所以在法律上針對中央對地方的角色重新定位，去除其積極介入干涉的法源。其次，為了擺脫中央對地方在權限與資源上的箝制，所以廢除中央行政機關得以進行積極監督的委辦事項，自此無分地方的固有事項或是中央的委任事項，中央僅有消極監督權，而不能再以指導的方式變相統轄地方。復次，為了落實地方優先原則與就近原則，日本地方分權改革首重對市町村的權限下放，藉此讓基礎自治體能夠擁有足夠的權限得以處理最貼近人民生活的公共事務。最後，為了避免中央在中央與地方紛爭時球員兼裁判的問題，所以日本設立中立的準司法機關來進行仲裁。

若以地方自治的機能觀之，則日本地方分權改革至今，市町村的自治立法權與自治行政權已獲得較高的保障；自治組織權在人事權方面雖有所提升，但仍無自主選擇地方政治制度的權限；而自治財政權目前仍是未定之數，既有地方自治強化的可能性，亦存在地方自治萎縮的可能性；至於國政參與權的部分，雖然地方六團體得與中央磋商協調，但在防止中央侵犯的權限保障上，目前則付之闕如。雖然日本的地方分權改革仍然存在相當多的問題，但無庸置疑地，日本的中央與地方關係正逐漸透過改革建立真正對等與協力的夥伴關係，促使地方更自主化與活性化，並將成為未來東亞諸國民主改革重要之借鑑。

日本地方分權改革的到達點可以說是「二層的完全自治體」與「綜合行政主體」（橫道清孝編，2004: 328），亦即所有的自治體（包括國家）沒有任何上下關係，只有所轄區域的廣狹之別。當所有的自治體之間不存在一個自治團體指揮與統轄另一個自治團體的背義性時，所謂夥伴關係與自主自立才能夠真正地實現，日本的地方分權改革便是在此種思維下開始啟動。日本過去雖然在憲法上規定對地方自治的保障，但卻缺乏相關法令與政治文化的配合，以致於出現中央行政機關在權限、人事、財源方面處處監督控制地方，中央與地方的關係呈現侍從式的金字塔結構。1990年代，日本開始進行地方分權改革，並致力於切除中央對地方的箝制機制，重新建構垂直權力分立機制，促使地方能夠真正地自立自主，而非過往指導型民主政治下的溫室地方行政。一方面針對中央行政機關，進行權限與機關的精簡以處理肥大化與僵硬化的沉痾；另一方面針對地方自治團體，進行權限與財源的下放以促進活性化、多樣化、以及效能化，希冀能夠解決「中央一僵化則地方就停擺」的困境，進而解決日本國家整體日益低迷的政治氛圍。

第五章
第二次地方分權改革：市町村合併

日本の地方分権改革は、
機関委任事務の廃止と
税源移譲が車の両輪に
ならなければならない。
——佐藤進

第一節　三位一體改革的構想與挫折[51]

日本第二次地方分權改革的具體政策可分為「三位一體改革」和「市町村合併」。此次改革的諮詢機關雖由「地方分權改革推進會議」擔任，然真正的推動關鍵卻是在於 2001 年 4 月小泉純一郎組閣後，透過內閣府的「經濟財政諮問會議」主導日本財政經濟政策，從而突破中央行政官僚對於地方財政改革之阻力。「經濟財政諮問會議」在 2002 年所提出的《骨太的方針》中首度主張「三位一體改革」，亦即「國庫補助負擔金」（地方補助款）的縮減廢除、「地方交付稅」（中央統籌分配款）的重新調整、「稅源移讓」（國稅下放）等三者合一的中央與地方的財務改革政策。[52]其具體內容係依據分權委的原意，主張縮減或廢止中央的「國庫補助負擔金」和「地方交付稅」，並同時進行將國稅直接轉換地方稅的「稅源移讓」，以強化地方自治體的財政自主能力。財政為庶政之母，自治財政權之健全與否，實繫地方自治體是否能夠維持其自主性之所在。過去日本中央藉由「國庫補助負擔金」的強制指定用途和「地方交付稅」的統籌分配等方式，間接箝制與限縮地方自治體的財政權，形同戕害地方的自主性。因

---

51 本章感謝日本大東文化大學政治學科非常勤講師鹿谷雄一共同寫作與提供資料，在經其同意後，納入本書。

52 「骨太（即主幹）的方針」係依據總理為議長的「經濟財政諮問會議」建言，內閣府於每年 6 月閣議決定的財經改革的基本方針。第一部為 2001 年 6 月的〈關於今後經濟財政營運及經濟社會的構造改革之基本方針〉，第二部為翌年的〈關於經濟財政營運及構造改革之基本方針 2002〉，第三部則為〈關於經濟財政營運及構造改革之基本方針 2003〉，至 2007 年總共發表 7 次。三位一體改革的詞語首見第二部，但具體內容則於第三部中發表。

此，佐藤進曾經直言：「機關委任事務的廢除與稅源移讓，必須成為日本地方分權改革的兩個車輪」（神野直彥編，2006: 4）。

然而，「三位一體改革」的道路並未如廢除「機關委任事務」般順遂。小泉擔任總理的 2001 年的當時，日本政府債務已經高達前所未有的 673 兆日幣，國家財政重建工程已經迫在燃眉（村松岐夫編，2006: 152）。同時，中央各省廳對於削減中央財政分配權以健全地方財政自主權的「自殘」政策，始終保持消極被動的反抗態度，並且質疑對於地方自行處理財政的效率性與自律性。在中央財政壓力與中央官僚抵抗之下，「三位一體改革」的優先方向，開始逐漸由建立地方財政自主的分權改革變質為解決中央財政危機的財政改革（神野直彥編，2006: 9）。自 2004 年開始，日本中央陸續移轉若干財源交予地方，並在 2006 年實施部分所得稅改為「個人住民稅」，亦即以「所得讓與稅」的方式，來增加地方的財源。中央普遍認為第一期「三位一體改革」已經成功達成，然而由於「稅源移讓」的金額遠較被縮減的「國庫補助負擔金」和「地方交付稅」的金額短少，結果造成地方自治體的收入比改革前更為不如，因而地方六團體抱持著否定的態度。此外，如「義務教育費國庫負擔金」之轉讓，亦造成中央與地方之激烈爭執（村松岐夫編，2006: 155）。因此，地方六團體(2008: 2-3)對於日後的地方財政改革主張：「為了建構自立的地域，在確立地方財政基盤的同時，亦應明確受益與負擔的關係……依國家與地方的最後支出的比率……國家與地方的稅源分配應先以五比五為目標」。易言之，第二次地方分權改革由於失焦之緣故，在中央與地方之間以及城市與鄉村之間俱產生衝突與爭議，從而地方的財政自主權仍是未完成的階段。與此同時，由於「稅源移讓」政策係依照人口規模和所得多寡來分配財源，導致部分農村及偏遠地區的小規模及貧窮的地方自治體，產生嚴重的財務赤字危機，故頗有爭議。有鑑於此，依據分權委早先所提出的「受皿論」，在「三位一體改革」的基本方針中亦註明必須同時配合推動「市町村合併」（中西啓之，2004: 81）。

2002 年的「市町村合併」是日本明治維新以來的第三次大合併，又稱「平成的大合併」。「市町村合併」的主要目標有三：（一）地方人才培養及確保等體制的補強；（二）地方行財政基盤的強化；（三）地方行政效率化（北川雅敏，2003: 56-57）。根據 1992 年 9 月自民黨的計畫團隊的《中間報告》，其亦主張嘗試強化自治體規模能力以因應地方分權改革之構想（大森彌，2003: 13-15）。「市町村合併」最初僅是為了承載地方分權的「受皿」，但到後期，地方分權改革逐漸與「市町村合併」劃上等號，致使「市町村合併」成為國家體制的改革與重組地方基盤的主要政策（山田公平，2002: 228-231）。

而隨著「三位一體改革」的啟動，日本逐漸將「市町村合併」的目標，由原先的強化市町村行財政基盤與配合地方廣域行政，修改為只有強調強化行財政的效率化面向，而不再討論擴大地方自治體能力的面向。值得觀察的是，「平成的大合併」一開始並不順利。基於對市町村自主性的尊重，最初的規劃是合併的主導權掌握在各個地方自治團體手上，中央既不能強行劃分合併的範圍與規模，亦不得使用強迫或利誘的手段去要求合併。但由於地方上對合併缺乏強烈的意願，甚至出現消極抵抗之現象，因而中央被迫大幅度修改《合併特例法》[53]，以「合併特例債」為誘因，增加市町村之間自願合併的動機。自此，「市町村合併」便由「以支援為前提的合併論轉換為積極的合併推動論」(大塚祚保，2002: 81)。然而，真正促成日本「市町村合併」在 2002 年到 2003 年之間加快腳步的因素，卻是「西尾私案」的影響與財政問題。前者主張將一定人口以下的自治體以法律的方式直接強制合併，此雖非正式之提案，但卻衝擊了許多市町村加速自主性合併；後者則是由於「地方交付稅」的縮減，使得地方自治體只得藉由合併來擴大財政基礎（中西啓之，2004: 20-22）。「市町村合併」之目的在於落實地方分權，其合併過程亦由地方自行規劃合併的對象與方式，但在地方意願低落的情況下，最後仍不得不由中央扮演積極的推動者，而使得「由上而下」的慣性再次產生。同時，由於中央不能擔任統籌指揮的角色，在地方自行協商的情況下，使得「市町村合併」出現參差不齊的規模落差現象，並且使得當初的合併數目難以達成，此改革難謂竟其全功。然在合併的協調與衝突的決策過程中，卻使得日本各個地方自治體能夠摸索出自主

[53] 1995 年的第 3 次《合併特例法》的修正除了同樣延長 10 年外，並另依照第 24 次地方制度調查會的《關於推動市町村自主性合併之答申》，做了大幅度的修正。除了在第 1 條的「推動市町村自主性之合併」之中明白宣示《合併特例法》的宗旨，以及有關創設跟合併協議會的設置的住民提議制度之外，更制定了充實市町村建設的計畫內容、增加議員定額人數與擴充在任特例、擴充「地方交付稅」的特例措施、擴充人口過殊債與地方債的特例措施、明確區分國家與都道府縣的角色等各項推動市町村合併的制度。

與自治的道路，包括住民參與和府際合作，或可說是推動地方分權改革的副產品（陳建仁、鹿谷雄一，2006: 232-234）。

第二節　日本市町村合併的沿革

「市町村合併」屬於日本「廣域行政」（府際合作）的一種，是指將數個日本的二級地方行政區合併為較大的地方自治團體。推動「市町村合併」的原因在於，日本政府與學界認為若要推動地方分權與地方自治，則目前數量龐大的地方自治體（特別是農漁村及偏遠地區）很容易由於本身規模過小，以致在財力、人力、以及物力上無力實施自治，加上亦有行政人員與設施相互重複等問題，所以提倡擴大基礎地方自治體（廣域行政）來強化地方自治。處理自治體規模合理化的具體方法上，主要分為自治體之間的合作（廣域連合）與合併（市町村合併）兩種。然而隨著政治的推移，「市町村合併」逐漸變成主流，甚至與地方分權改革劃上等號。其原因除了「市町村合併」較「廣域連合」在行政作業上較為方便順暢外，「市町村合併」亦被視為是替未來日本的「道州制」（都道府縣合併）或聯邦制的先行作業（田村秀，2004；總務省，2010b）。易言之，日本的地方分權改革以及地方自治體的合併並非僅結束於在市町村層級的現在完成式，而是持續前進的現在進行式。

「明治的大合併」肇始於 1888 年，由於日本在明治維新前施行封建制度，基層村落依照武士階級的采邑而呈現破碎狀分布，故以合併方式將星羅密布的 71,314 個町村縮減至五分之一的 15,820（1889 年）（參見表 5-1）。此「町村合併」可說是為了施行 1889 年由國家官僚體系控制的「市制町村制」著先鞭，並使得合併的町村擁有了作為擔負近代地方自治組織所需要的一定能力，但其本來的目的並非確立民主的地方自治，而是為了確立中央集權體制。

日本明治政府成立後，最初在地方行政組織上實施「大區小區制」（1872 年），但由於此種行政上的人工區域劃分與幕末以來的町村的自然區域劃分毫無關聯的緣故，導致國家機器難以推動地方行政。職是之故，明治日本便制定《郡區町村編制法》（1878 年）以取代「大區小區制」，傳統町村因而再度成為地方行政區域，同時也被承認是自治行政團體，但日本的行政組織卻成為在町村與府縣之間還存在「戶長役場」及「郡役場」的複雜的地方四層制。其後，隨著「市制町村制」（1889 年）即將實施，衍生出町村規模合理化之問題，遂依循內務大臣的訓令，以大約 300 到 500 戶之標準，進行日本全國一致的「町村合併」。於是，「明治的大合併」便是在《明治憲法》與「市制町村制」施行前，於短短的半年間，在確立近代中央集權國家之目的之下，強制地以行政村的形式進行規模較小的自然村和聚落合併。

「昭和的大合併」則是以 1953 年的町村合併促進法和 1956 年的新市町村建設促進法為中心展開。特別是新市町村建設促進法的實行，市町村的數目由 9,868（1953 年）減為三分之一的 3,975

（1956 年）（參見表 5-1）。與鞏固中央集權的君主立憲國家而進行的「明治的大合併」相比，「昭和的大合併」卻是相反地以脫離中央集權為目的，亦即增加地方自治體的規模來增強其自主性與自治能力。

《Shoup 勸告》曾經提倡，應特別以市町村優先的原則為出發，「當市町村在獨立維持學校、警察、及其他活動上有困難的情況，應該獎勵其與比較鄰近的地域合併」。戰後日本的「地方行政調查委員會議」（神戶委員會）接受這個勸告，並具體地檢討中央與地方的行政事務再分配的事宜後，建議伴隨著轉讓諸多的事務給市町村的同時，應以能夠達到地方自治體能力強化為目的的人口 7,000 到 8,000 的程度為標準。依據該委員會的建議，日本國會制定《町村合併促進法》，規定町村適當的規模以約 8,000 人為標準。基於該法而閣議決定的〈町村合併促進基本計畫〉便是以消除未滿 8,000 人的町村，平均每 4 個町村合併為目標。3 年後，除繼承《町村合併促進法》之精神外，並為謀求新的市町村的健全發展，而新制定了《新市町村建設促進法》。雖然在新的法律上有建議尚未合併的町村應「自主的」合併，以及知事（地方民選行政首長）及內閣總理不得建議合併或進行財政上的補助等等明文規定，但實際上「昭和的大合併」仍有過半是被強制地推動。

表 5-1　日本市町村數目之變遷

年　　月	市	町	村	合計	備　　考
1883 年	19	12,194	59,284	71,497	
1888 年	—	71,314		71,314	
1889 年	39	（15,820）		15,859	「市制町村制」施行
1945 年 10 月	205	1,797	8,518	10,520	
1953 年 10 月	286	1,966	7,616	9,868	《町村合併促進法》施行
1956 年 4 月	495	1,870	2,303	4,668	《新市町村建設促進法》施行
1956 年 9 月	498	1,903	1,574	3,975	《町村合併促進法》失效
1961 年 10 月	556	1,946	968	3,470	《新市町村建設促進法》部分失效
1965 年 4 月	560	2,005	827	3,392	《合併特例法》施行
1972 年 6 月	638	1,973	677	3,288	沖繩縣回歸日本
1975 年 4 月	643	1,974	640	3,257	《合併特例法》部分條文修改
1985 年 4 月	651	2,001	601	3,253	《合併特例法》部分條文修改
1995 年 4 月	663	1,994	577	3,234	《合併特例法》部分條文修改
2004 年 4 月	695	1,872	533	3,100	「西尾私案」等影響
2006 年 8 月	779	844	196	1,819	
2010 年 11 月	786	757	184	1,727	

資料來源：（總務省，2010c；市町村自治研究會編，2003: 1-2）

以消除小規模町村（弱小町村）為著力點的「昭和的大合併」在《新市町村建設法》的部分條文失效後（1961 年 6 月），市町村數目減少的速度便開始趨緩（參見表 5-1）。然而，隨著社會經濟的變化及新產業都市建設等地區開發政策的發展，衍生既有都市與毗鄰地區的合併的必要性，日本政府遂在 1962 年施行關於《市合併特例之法律》，依此完成包括北九州市等地的大型合併及周邊町村的擴編合併（市町村自治研究会編，2003: 12-13）。並於 1965 年，為謀求「市町村合併的圓滑化」之目的，整合與「市町村合併」相關之各種法律，制定《關於市町村合併特例之法律》（以下簡稱〈合併特例法〉。此法初為僅有 10 年效力的時效立法，但因被延長過 3 次，至 2005 年 3 月底失去法律效力，但日本政府在同年 4 月初立即頒布新的《關於市町村合併特例之法律》，亦稱為《新合併特例法》，時效至 2010 年 3 月底。

「平成的大合併」與日本的「地方分權改革」實有密不可分之關係。前述的日本脫離傳統封建國家後的三個政治改革，皆有地方行政區或地方自治體合併的政策，故依當時的日本年號分別稱為「明治的大合併」、「昭和的大合併」、以及這次的「平成的大合併」以作為區分。然此三次大合併的意義俱不同，明治維新時期的大合併，是鑑於當時封建社會的村落支離化與小型化的遺緒，阻礙了建立理性官僚的中央集權近代國家的目標所進行的努力；而日本戰敗後的「昭和的大合併」卻是為了剷除日本軍國主義再起的溫床與強化地方自治所進行的去中央集權改革，雖說是消極的政策，但可以說與前期為了鞏固中央集權的目的完全迴異；至於此次的「平成的大合併」，基本上承續了上一階段的精神，但其精神轉為更為積極的地方分權改革。特別是在負責具體檢討日本地方分權政策的「地方分權推進委員會」（分權委）在1997年7月的〈第二次勸告〉當中，便提出為了整備與確立行政體制而需推動市町村的自主的合併之意見。以此為契機，朝「平成的大合併」前進的討論也開始日益增多。分權委發表勸告後，「第25次地方制度調查會[54]」（簡稱地制調）提出〈有關市町村合併答申〉（1998年4月），促使當時的自治省在同年8月要求都道府縣知事制定包含「市町村合併」模式的〈關於推進市町村合併之要綱〉。各都道府縣的要綱已於2001年4月全部出爐，如果依此進行合併的話，日本市町村的數目將改為最多 1140，最少622，亦即原有數目的三分之一到五分之一（大塚祚保，2002: 89-92）。自治省在提出要求後，1999年8月，執政的自民黨和公明黨也同意以1,000為目標來推動「市町村合併」之政策。緊接著，分權委在2000年11月提出〈有關市町村合併推動之意見〉，日本政府亦在翌月在內閣會議上決定附有數字目標的〈行政改革大綱〉。這些意見及答申等等，皆反映在第3回的《合併特例法》延長後的修正條文上。

54　地制調因調查審議有關地方制度重要事項而設立，從1953年10月以來發表了多次答申。設立初始，其設立期間為一年多，但近年變成2年。關於住民投票方面，計有第16次的《關於為了協助住民自治意識提升方略之答申》（1976年6月）與第17次的《關於順應新社會經濟情勢之今後地方行財政制度應有態度之答申》（1979年9月），以及第24次的《專門小委員會報告》（1997年4月）等被提到。

第三節　平成大合併的制度與發展

日本推動「平成的大合併」的背景可約略分為：(1) 地方分權的推動；(2) 財政的惡化；(3) 少子高齡化社會的形成等三個問題，而其對應的方法便是：(1) 人才培養及確保等的體制整備；(2) 行政財政基盤的強化；(3) 行政效率化與政府績效評估的導入等（北川雅敏，2003: 56-57）。1992 年 9 月自民黨的計畫團隊的《中間報告》，已開始主張嘗試強化自治體規模能力以因應地方分權改革之構想（大森彌，2003: 13-15）。同時，為了解決地方分權改革後人口與財政規模較小的地方自治體無法自立自主的問題，致使「市町村合併」、「廣域連合」、「事務組合」等廣域行政政策也隨之成為最重要的課題。最後，地方分權改革逐漸與「市町村合併」劃上等號，致使「市町村合併」被當成國家體制的改革與重組地方基盤的主要政策來推動（山田公平，2002: 228-231）。而隨著所謂的「骨太的方針」及「三位一體的改革」等政策的訂定，日本政府從原先目標之市町村的行財政（行政財政）基盤的強化與廣域行政的對應，轉為強調地方的行政財政強化，合併的目的開始變成構造改革下的行財政效率化。自 1990 年代後期以來，日本政府進行了以地方分權改革與中央省廳重組為主的一連串行政改革的同時，可以觀察到政府內部（特別是總務省）認為「市町村合併」是「究極的行政改革」[55]（最終的行政改革），與整個日本整個國家體制改革密不可分。

如前所述，日本的地方分權改革在提升行政效率的同時，也必須達成深化民主政治的最終目的，也就是要將決策過程從過去的由上而下轉為由下而上，由中央主導轉為地方自主，由政府的單方統治轉為政府與人民的共同治理。這並非行政上的政府內部改革，而是整個政治系統與決策過程的大重構。因此，「市町村合併」的過程並非僅是單純的中央又或是地方首長的行政與戰術上的行政區劃作業，而是一種政治與戰略上的體制改革與政治文化運動，其必須要能夠在符合由下而上和地方自主的原則的同時，又能兼顧打破過往政治人物主導與「國民不在」的政治狀態。所以，為了促進當地居民對自己居住地方與其他地方合併的政策的意見表達與政治參與，日本政府在「市町村合併」的過程設置了住民投票的選項，也就是讓地方人民得以直接地表達自己的意見，而不需間接地透過民意代表或是民選首長。這是戰後以來日本對於民主政治所做出最前進的措施之一，其功能與效果是非常殊值探討的問題。

1965 年所實施的《合併特例法》，總共被延長過 3 次，一直到 2005 年才為新的《合併特例法》所取代。1975 年的第 1 次修正雖然有加入有關尊重市町村的自主性和尊重以住民投票等方

[55] 為達成行財政效率化，先藉由地方自治的裁員式合併使自治體數減少，其接下來的課題便是以「都道府縣合併」或是「道州制」的引進等都道府縣的重組為最後目標（山田公平，2002: 228-231）。

式所表達的住民態度等附帶決議，但在實質上僅屬單純的延長。1985 年的第 2 次修正亦追加「政令指定都市」（以中央政令所指定 50 萬人口以上的特例市）的適用對象和「市町村建設計畫」相關事務之地方債務的適當分配等規定，但其實仍屬單純的延長。然而，1995 年的第 3 次修正卻與前 2 次的修正迥異。除了同樣延長 10 年外，並另依照第 24 次地制調的〈關於推動市町村自主性合併之答申〉，做了大幅度的修正。除了在第 1 條的「推動市町村自主性之合併」之中明白宣示《合併特例法》的宗旨，及創設跟合併協議會的設置息息相關的住民提議制度外，更策劃了充實市町村建設的計畫內容、增加議員定額人數與擴充在任特例、擴充地方交付稅（補助金）的特例措施、擴充人口過殊債與地方債的特例措施、明白區分國家與都道府縣的角色等等朝推動合併前進的制度。藉此修正，「市町村合併」便由「以支援為前提的合併論轉換為積極的合併推動論（大塚祚保，2002: 81）」。其後，1998 年、1999 年、2000 年、2002 年、2004 年皆有所修正。

現在，《合併特例法》的目的為其第 1 條——「對應處理市町村行政廣域化之要求，推動市町村自主性之合併，以資合併市町村之建設」，並明文規定去除伴隨合併產生的障礙的特例與手續等等。首先，欲合併之市町村必須先在各相關的議會通過議決設置掌管有關「市町村建設計畫」的製作與合併的適否、時期與方式[56]、新市町村的名稱、首府所在地、議員的任期與定額人數

[56] 地方自治法上規定普通地方公共團體（市町村與都道府縣）的區域變更，有隨法人格變更的廢置分合（分割・分立・合體・編入）和單純地變動自治體

等事項的協議之協議會（合併協議會）[57]。根據第 3 條規定，其會長與委員係從各相關市町村的議員、首長、其他職員、學識經驗者中選任。「市町村建設計畫」雖可包括合併市町村的基本方針、事業及設施的整合、財政計畫等等，但仍必須符合第 5 條的「適切地考慮能夠幫助綜合地及有效地推動均衡發展合併市町村的建設」之內容。

在製作「市町村建設計畫」之際，需事先與都道府縣知事協議，需等待其回答才能進行正式的協議。當合併協議會內達成協議時，各相關的市町村之間將締結「合併協定」（法律上並無締結之必要），然後依各相關市町村議會的決議向都道府縣知事提出申請。知事根據其申請，向都道府縣議會提出該合併相關提案，再依照其決議和知事的決定，向日本總理提出（地方自治法第 7 條）。此為「市町村合併」之手續。《合併特例法》同時規定

內區域的境界變更。《合併特例法》第 2 條第 1 項便如是定義：「所謂『市町村的合併』係指 2 個以上的市町村的區域的全部或部分設立市町村，又或者市町村的全部或部分編入其他市町村，致使市町村數目減少者」。因此，其方法便有兩種。廢除合併相關的市町村（法人格的消滅），在其區域上重新設置市町村（法人格的產生）者，稱為新設合併（對等合併）。消滅被吸收市町村的法人格，吸收市町村法人格維持不變者，則稱為編入合併（吸收合併）。

57 所謂合併協議會共有兩種。一種是依據《地方自治法》（第 252 條之 2）或《合併特例法》所設立的協議會。另一種則是為了事先調查和討論與週邊市町村合併而不根據法律自行設立的協議會。一般而言，前者稱為「法定協議會」，後者稱為「任意協議會」。此外，自行討論合併的，不只協議會，亦有設立「研究會」，其性質有從單純地就合併意見交流到扮演積極角色等多樣多種。從整個合併的手續的流程來看，在「任意協議會」以及「研究會」進行多次討論後，才正式朝合併前進，其中，設立詳細討論有關「市町村建設計畫」的「法定協議會」的實例占多數。

幾項例外措施，以去除伴隨合併產生的問題與障礙。首先，關於議會議員，可依各相關市町村的協議，得選擇定額的特例（第 6 條）或是在任的特例（第 7 條）。亦即，如果是「新設合併」（合併成一個新的市町村）的情形，可以選擇僅限最初的任期的議員定額不超過合併市町村的議員定額的 2 倍，或是合併前所有議員在合併後以不超過 2 年範圍為限繼續留任。如果是「編入合併」（被另一主要市町村吸收）的情形，在被吸收的市町村的剩下任期和合併後最初的選舉期間內（僅到接納市町村第 2 次選舉），對於被吸收的市町村議員的定額，得以對應人口比率之數為定額，設置選舉區增加之。此外，被吸收的市町村的議員可在接納市町村的最初的選舉前擔任議員，並僅限第 1 次選舉時，在被吸收的市町村設定選舉區，適用定額的特例。在應成為市的議案的特例上，到 2005 年 3 月 31 日為止合併的時候，實施市制的條件為 3 萬人以上，而不受「連擔率」（構成街道的戶數比例）等人口以外的條件的限制。並且，有包括市全域的區域的「新設合併」的時候，即使沒有完全符合實施市制的條件，也一律視同符合（第 5 條之 2，第 5 條之 3）[58]。地域審議會設立於 1999 年的條文修正後，乃為以合併相關市町村的區域為單位的合併市町村的附屬機關，其功能為審議與該區域有關的事務或被認為有必要的事

[58] 《地方自治法》第 8 條規定，要成為市的條件為（A）人口 5 萬以上；（B）連擔率 6 成以上；（C）都市型職業從事者 6 成以上；（D）符合都道府縣條例中所規定的都市的設施之條件。而藉由議員立法來規定僅需滿足人口規模的條件便可以成為市的特例措施，被某些學者指出，這種「將成為市視為『升格』的想法，會導致町村趨之若鶩。很明顯地這是歧視町村，把市視為比其高一級的思維模式（大森彌，2003: 9-10）」。

項。這是考慮到因伴隨著合併造成的行政區域的擴大，導致住民與行政的距離疏遠的設計。其成員的定額人數、任期、組織與運作等皆由合併相關市町村協議後制定之，合併後有要變更的情形時，需以條例改定（第 5 條之 4）。

地方交付稅額的「算定特例」[59]（估計特例），主要是預防合併前區域所估計補助金額的總計不致降低（第 11 條）。而地方債的特例則是為了幫助合併市町村以地方債的方式籌措財源，用來當：（1）有助於一體性及均衡發展的公共設施的整備事業；（2）建設性地有效地推動公共設施的統合整備事業；（3）地區發展與振興等等所設立的基金的準備金（第 11 條之 2）。除此之外，亦有地方稅的不一致課稅（第 10 條）、人口過疏地區活性化的目的的地方債特例（第 12 條）、災害復原事業費的國庫負擔等特例（第 13 條）、有關都道府縣議會議員的選舉區之特例（第 14 條）等等，準備了許多的利多，藉以除去合併的障礙，來推動積極的合併。與合併協議會的設置有關的住民提議制度（第 4 條）是在 1995 年的《合併特例法》修正後創設的。根據此，五十分之一的有選舉權的住民得連署向市町村長請求設置。這使得除了地方行政首長或是地方議會之外，地方居民亦可擁有主導權推動「市町村合

59 地方交付稅係因為自治體的財政能力有落差的關係，為了確保財政能力較弱的自治體的必要最低限度的行政水準，透過國家給地方的地方交付稅特別會計，來保障地方的一般裁員的設計。戰後，以〈休普勸告〉所創設的地方財政平衡交付稅制度為基礎，逐漸變成現行的預先訂定一定的交付率的地方交付稅制度。其財源為被稱作國稅三稅的所得稅、法人稅及酒稅（其中法人稅為）、消費稅的、香煙稅的，依照國家每年所決定的估計方法，基於「基準財政需要額」和「基準財政收入額」來分配。

併」。

此住民提議制度在 2002 年修正後，地方居民不僅能要求設置合併協議會，還能在議會否決其提案後，選擇舉行住民投票的途徑重新複決。住民投票制度的導入則是發端於地制調的〈第 26 次答申〉(2000 年 10 月 25 日)、延續其精神的自治省的〈關於今後推動市町村合併之配合〉(2000 年 11 月 22 日)、以及進行具體檢討的分權委的〈關於推動市町村合併之意見〉(2000 年 11 月 27 日)。分權委提出，「鑒於有住民提議卻往往無法設置合併協議會的情形很多，為了使住民的打算能夠更被反映，故檢討當住民提議設置合併協議會的議案被議會否決的時候，引進要求設置合併協議會的住民投票制度」。依據此，日本政府在 2000 年 12 月 1 日的閣議中決定包含住民投票的制度化與合併的數字目標等的〈行政改革大綱〉。由此，住民投票制度便以市町村合併手續的一部分的姿態登場。

《合併特例法》所規定的要求實施住民投票的條件在原案階段時本為需十分之一以上的有選舉權的住民連署，但在全國町村會等團體的反對後，日本國會在 2002 年 3 月 30 日通過條件較嚴的六分之一以上連署的修正法案。從分權委的意見中可以察知，為了想要積極地推動「市町村合併」、反映地方民意、深化地方民主，所以引進住民投票制度。

第四節　平成大合併的未竟課題

日本的地方分權改革希冀將由中央政府主導的由上而下轉型為由下而上的國家政治體制。然而這並非易事。而其困難點在於——希冀可以促進由下而上的地方分權改革，如何排除由中央政府主導的由上而下的政治過程？進而言之，習慣於中央集權統治的日本政府，如何促使同樣習慣於依賴中央的地方自治體在不受中央的各種影響下，進行脫離中央集權的改革？這是日本政府在進行地方分權改革當中最大的課題，也是其最費思量的所在。而與地方分權改革劃上等號的「市町村合併」，其政策的立意最主要也是在於滿足讓地方自治體擁有得以自立自主的基本條件。此外。為了讓地方人民的意見能夠被切實地反映，所以在法規中設立了住民投票制度的特例。然而，這個政策一開始並非順利，基於對市町村自主性的尊重，合併的主導權掌握在各個地方自治團體手上，中央既不能強行劃分合併的範圍與規模，亦不得使用強迫或利誘的手段去要求合併，加上地域本位主義的作祟，使得地方上對合併興趣缺缺，甚至消極抵抗。因而中央被迫大幅度修改《合併特例法》，以增加合併的動機，自此「市町村合併」便「由以支援為前提的合併論轉換為積極的合併推動論（大塚祚保，2002: 81）」。

然而，真正促成「市町村合併」在2002年到2003年之間加快腳步的卻是「西尾私案」的影響與財政的要因（三位一體改革），前者為要將一定人口以下的自治體以法律來強制合併的非正式提案，卻衝擊了許多市町村加速自主性合併；後者則是因為「地方交付稅」的驟減，使得地方自治團體只得藉由合併來擴大財政基礎（中西啟之，2004: 20-22）。甚至到2005年公布的《新合併特例法》，更是直接呼應「西尾私案」，規定了日本內閣總理及都道府縣知事得以直接規劃「市町村合併」的計劃案。無論如何，「市町村合併」本身是中央的意思，其本來的精神是促進地方分權，從制度面來看也是由地方自行規劃合併的對象與方式，但地方本來卻是意願不高，最後仍不得不由中央扮演積極的推動者。[60]中央不能擔任主導角色的結果，使得「市町村合併」出現參差不齊的規模落差現象，並且使得當初的合併數目難以達成，這是任由地方自行協商所導致的混亂局面。但是，在過程中卻使得日本各個自治體能夠摸索出自主與自治的道路，包括居民的政治參與和府際合作，或可說是推動地方自治及地方治理的一大收穫。

相同地，「市町村合併」中的住民投票制度的價值也是在其發展的過程本身，而非投票的結果。若單從法律制度面上觀之，則不免對於住民投票的結果在「市町村合併」中僅扮演意見反映與問卷調查的角色，完全不具備政策決定權而產生悲觀。但如果從住民投票制度的影響面來看，則其在日本政治史上卻是很重要的里程碑。首先，住民投票制度的導入，使得地方人民得到學習

60 平成的大合併的目標是將約3200個市町村合併為1000個市町村左右，而根據總務省統計，至今2010年11月，日本的市町村總數為1,727，僅接近合併前的半數（總務省，2010c）。若無「西尾私案」與其後的《新合併特例法》，這個數目將會更低。

直接參與政治的機會。其次，選舉投票率長期低迷的日本，卻有高投票率的住民投票，顯示日本國民尚未對政治完全失望，並喚起人民對政治的關心與信心。第三，面對住民投票的民意壓力，地方的意思機關與執行機關予以尊重，並有順應投票結果之情形，使得住民投票的影響力提高。第四，增加地方自治團體的選擇性，促進地方決策活性化與多樣化。第五，住民投票迷思的破除——日本實施六十年的民主政治後，不僅使得社會存在深厚的自由民主的政治文化，也使得政治人物普遍尊重民主的運作，故住民投票不再被視為洪水猛獸，而經過此次合併當中的住民投票制度的導入，應可讓日本社會更習慣於由人民作決策而非侷限於投票的政治系統。職是之故，實施住民投票制度的宣示的意義大於實質的效果，也是日本脫離名望家民主轉為大眾民主，甚至是審議式民主(deliberative democracy)所邁進的艱難的一步。

此外，透過地方分權改革，日本的中央與地方關係邁向新的里程碑，地方自治體在行政上脫離中央的行政禁臠之角色，然在財政上卻仍有中央控制地方或是「新新中央集權」再來的趨勢。第二次地方分權改革的「三位一體改革」的初始目標，本係藉由進一步調整過去國稅本位的財政結構，讓地方能夠財政自立自主，不再受限於中央的支配與施捨。但由於日本國家整體赤字日益膨大，致使中央對於財源下放深懷戒心，並將原本健全地方自主能力的地方財政改革視為拯救中央財政危機的藥方，因而權限下放後的地方自治體卻面臨事務增加但財源短縮的困境，目前部分地方自治體已瀕臨破產之邊緣。「市町村合併」的原意則是希冀擴大行政區劃的適當規模，強化地方自治體的行財政能力，以對應地方分權與權限下放，然由於「適當規模」的模糊、財源下放的不充分、以及中央的威脅利誘之下，目前竟出現合併規模差距懸殊、飛地合併、議會與居民衝突、不同生活圈合併、自殺事件、甚至是財政惡化等各種始料未及情況。此後兩者之改革，實維繫日本地方分權改革成敗與否之關鍵，故今後日本之相關對策仍值得繼續觀察。而面對前述的輔助性原則的兩難困局，日本學者多以「狹域行政」、「都市內分權」、「地域自治組織」等「近鄰政府論」(neighborhood government)等提案，以作為市町村在合併後無法貼近地方住民之回應。（辻山幸宣編，2006: 125-143；西尾勝，2006: 273-278）。

隨著地方的時代或全球在地化的時代的到來，地方自治體日益被賦予自主性與綜合行政性的付托。在福利國家和萬能政府的影響下，地方自治體惟有擴大組織與轄境一途。顯然地，民主與效率的競逐中，前者往往受到了壓迫。綜觀日本市町村合併之經驗，台灣未來推動鄉鎮市區整併時，有以下幾點值得借鑒：（一）中央政府的全盤規劃角色。台灣目前在合併升格的個案上，中央政府處於被動之角色，而缺乏類似日本的圈域行政的先行規劃，以作為地方自主合併之參考。（二）地方居民的角色。未來鄉鎮市區合併，宜採取公民投票或其他住民自治的途徑，以增加民主參與。（三）小規模自治體的歸屬。由於地理或種族因素之先天限制，即使採取合併之措施，仍會出現無法擴大其行政區劃之個案，未來此須透過賦予地方自治體的自主組織權，從而達到因地制宜之效果。（四）府際合作的制度。日本的市町村合併係以廣域行政為基礎，台灣亦有落實府際合作，以突破既有畛域重新整合地方生活圈之需要。同時，相較於合併，府際合作的社會與財政成本明顯較低。

第六章

道州制：

第三次地方分權改革？

私が最も力を入れたい政策は
中央集権国家である現在の国のかたちを
「地域主権の国」に変革することだ。

——鳩山由紀夫

第一節　單一制民主國家的侷限性

單一制國家(unitary state)與聯邦制國家(federal state)是近代主權國家誕生後最主要的兩種政治形態[61]。前者發軔於絕對王權的興起，在藉由凝聚國內力量的集中以對應國內外的危機的前提下，最高統治者開始削弱與消滅地方的封建諸侯，進而建立擁有獨一無二且至高無上治國權力的中央政府的主權國家。後者雖然也同樣是尋求成立一個統一的主權國家，但其肇端卻是由複數的國家在承認彼此的主權的情形下，共同協商妥協所形成的產物，故其具備既保持各邦的固有國家性格，又能彼此平等地相互聯合成為一個國家的特徵。單一國與聯邦國的形成原因可說深受歷史條件的制約，然在這樣的歷史分歧下所形成的最大差異點乃在於國家內部統治權力的分配，一般而言，在單一國裡，中央政府是最高與最終的權力機關，地方政府的自治權俱為中央所授與（法律的保障），其國家派出機關色彩濃厚，並須接受中央的指揮與監督；但在聯邦國中，在憲法的保障下，由於地方（邦政府）係具備準國家性格的第一級地方自治團體，其擁有地方固有權（亦稱地域主權）與公法人資格，並不受中央（聯邦政府）的由上而下的行政監督，故中央與地方雙方都具有國權(state power)（張正修，2003: 6-7）。同時，這兩者亦成為為地方自治權的來源究竟

[61] 雖然除了聯邦國之外，亦有其他複合國(composite state)或是半聯邦國的存在，但本研究認為其他類型仍可歸類於單一國與聯邦國的範疇。

係屬於固有權，抑或是傳來權的爭議[62]。

誠然，並非單一國就一定完全是中央集權國家，聯邦國也不一定就是地方分權國家，而聯邦國的邦政府也不見得皆會對其下級地方自治體採取權力分割(division of power)的措施[63]。然而，當一個單一制國家的政治體制越民主時，其地方自治會越落實且地方分權亦會進行得越徹底，則聯邦制的傾向就越明顯。換言之，當單一國的第一級地方自治團體與聯邦國的邦政府的權力、地位、以及自主財政等幾近相等時，除了法律保障抑或憲法保障與一院制或是兩院制之外，兩種政治形態可以說是毫無二致。職是之故，當單一國的國家進行地方分權改革到某個程度的時候，往往會面臨到是否要將國家體制轉型成為聯邦國的課題。而如上述所言，聯邦國的形成有其歷史背景，則單一國在缺乏歷史慣性作用的前提，是否可能順利過渡到聯邦國？而單一國在面臨此問題時，其構想、意願，以及阻力為何？此是本節最初的問題意識。

近年來，日本致力於推動地方分權改革，而這雖是其行政改革的一環，但最終目的還是深化民主。在第一階段（1993-2000

62 中央與地方關係的爭議的源頭大致可分為固有說與傳來說，前者認為自治權係地方團體因歷史的傳統發展的自治而得到國家承認之權利，故又稱獨立說；後者則是認為自治權乃國家授與一定的權力給地方團體，亦稱為受諾說。（土岐寛等，2003: 12）在地方事務的分類方面，前者衍生為自治事項，後者則被稱為委辦事項。

63 以美國為例，相較於其州政府擁有與聯邦政府對等的國權，基礎地方自治體的運作亦被學者認為是足以當地方自治的楷模，卻仍有州以下的地方自治體卻必須受到州政府的行政監督與干預的問題，如早年的家鄉自治運動(Home Rule)、1990 年代前後的新政府運動、以及權力下放革命(Devolution Revolution)皆為此問題的佐證（小滝敏之，2004: 131-139）。

年），日本政府解除了中央對地方自治體在行政面與人事面的箝制，讓地方擁有更完整的地方自主權，從而建立中央與地方的對等協力關係。而目前正在進行的第二階段，則是以增強地方自治體在財政面的自立與自足為主軸，推動基礎地方自治體的「市町村合併」和「三位一體財政改革」[64]。與此同時，以促進「狹域行政」（社區自治）和「道州制」（廣域地方自治體合併）為目標的第三次地方分權改革的構想與問題也開始被熱烈地討論，特別是後者的議題最受矚目也最受爭議。因為其牽涉到日本國體是否要隨著地方分權改革轉型成為聯邦國的最重要核心。為何日本要進行廣域地方自治體的合併？而此類第一級地方自治體合併的主要構想與步驟有幾種？其有可能成為政治史上少數完成從單一國轉型為聯邦國的國家嗎？在這樣的國體改造藍圖下，存在哪些贊同與爭議？這是本節所欲討論的問題。

廣域地方自治體合併對日本而言，不僅是回應對全球在地化與中央政府再造的趨勢，亦是意味著滿足公共事務的跨域行政需求、強化地方自主與自立、以及實踐《歐洲地方自治憲章》所揭櫫的輔助性原則(principle of subsidiarity)與可近性原則(principle of accessibility)。在此前提下，越是促進地方分權，日本就越徘徊在是否全面性地將國家體制由單一國轉型為聯邦國的十字路口。本節將以此為出發點，以新制度主義為研究途徑，從文獻與法規當中探討日本預計在完成兩階段的地方分權改革後，所欲推

64 日本學界對於最下級的地方自治體（市町村）稱為「基礎自治體」，而第一級地方自治體（都道府縣）稱為「廣域自治體」，本研究從之。

動廣域自治體合併的思絡、方法、及諸問題。

第二節　民主、分權，以及聯邦的關聯

自 Tocqueville 提出美國鄉鎮會議(town meeting)的運作與民主政治的互補關係後，地方自治乃至於地方分權就被許多學者認為是民主政治的基礎（可參閱：陳建仁，2005）。特別是其指出民主社會將容易產生中央集權的政府，而這種統括各分野的龐大強壯國家機器將可能恣意地去侵犯面對國家幾乎等於赤裸裸地毫無防備的個人。所以 Tocqueville 強烈主張：「我認為地方分權制度(provincial institutions)對於一切國家都是有益的，而對於一個民主的社會更是最為迫切的需要(Tocqueville, 1993: 47-48)」。也就是說，健全的地方自治體的存在不僅是培養民眾民主素養的小學，亦是民主專制(democratic despotism)的防波堤。無疑地，高度的中央集權政府與自由多元的民主社會在體質上是格格不入的，尤其是政治決策的寡頭化、資源人力的向上集中，以及行政一體的官僚體系的性格，不僅可以輕易地剝奪地方和社會的自主性與多元性，更容易造成地方與社會因凡事依賴中央而產生的自治萎縮和決策冷感，致使民主政治的基石隨之碎裂。職是之故，民主政治的深化實與地方分權的程度有密切的正相關。然而，雖然地方分權亦與聯邦國有關聯性，在政治學上權力分割與聯邦制亦可說是同義詞(Lijphart, 1999: 147)，但是民主政治是否與聯邦

國具有正相關的關係呢？

Dahl與Tufte(1973: 225)曾在《Size and Democracy》的結論中提到：「前幾個世紀以來，都市國家曾被視為最適合民主政治各種目的的政體。接著，都市國家在實踐上全面、理論上部分的地位被支撐民主政治的固有單位的國民國家(national state)所取代。而將有一天，國民國家(national state)可能會讓路給複合的聯邦化政治體」。Dahl與Tufte在這本書當中以「公民有效性」(citizen effectiveness)和「系統容納力」(systems capacity)[65]為基準來探討理想的民主政治體系的規模，然其最後並沒有正面提出明確的解答，也不認為目前的聯邦主義就是完全正確的終點，而僅僅只是提出摸索這個課題的建議。Dahl坦承，能夠同時達成公民有效性和系統容納力最適規模的單位其實並不存在，究其原因在於民主政治的各種目標是相互對立的，並無最好的唯一單位形式之故。事實上，所謂市民有效性或是系統容納力最大化的這個目標，本身就是充滿矛盾[66]。但值得一提的是，Dahl與Tufte(1973: 62)從18個民主國家當中歸納出，「國家規模越大，無論是否實施聯邦制，其政府的分權度將越增大」的結論。易言之，無論是人口或是領土的規模越大，則民主國家的地方分權的程度就越大。職是，此與地方分權較貼近民主概念的學界通論符合(Kelsen, 1949:

65 前者指公民對於政治體的決定擔負責任並能確實掌控的程度，後者指政治體所擁有對於其公民的集合的選好能夠對應的容納力的程度。

66 因此，其所謂的「複合的聯邦化政治體」並非等同於現行的聯邦國，而是一個既有能擴大政府系統的容納力與解決過度自治所產生的「民主超載」(democratic overload)的大規模單位，又有能提高公民的有效性與責任感的小規模單位的新民主（並且是超國家的）政治形態。

312)。Dahl 與 Tufte(1973: 225) (Lijphart, 1999: 147)

Lijphart 在比較過 36 個現代民主國家後，提倡在目前民主國家實證當中，相較於多數決型民主政治(majoritarian democracy)，共識型民主政治(consensus democracy)是更為有效的政治制度。同時，其分析這兩種民主形態與單一國和聯邦國的關係，指出：「在所有的民主政治體制當中，政治權力在中央政府與地方政府之間予以某種程度的分割是必要的。然而在多數決型民主政治國家的權力大多偏向中央政府。……其統治形態為單一國與中央集權。共識型民主政府與其目的相反，所以手段為聯邦制與地方分權(Lijphart, 1999: 147)」。換言之，Lijphart 認為聯邦制（及地方分權）係有助益於共識民主政治形成的要件之一，特別是在地方分權的政府、不同選舉基礎的兩院制（立法權分割）、特別多數才能修改的剛性憲法、中立機關的違憲審查權等四個要素上(Lijphart, 1999: 239)。

綜上所述，可以發現民主政治、地方分權、以及聯邦國呈現正相關的樣態。雖然民主國家並不一定是聯邦國，但是由單一國成為聯邦國的國際案例顯然較聯邦國成為單一國多，後者在如果民主政治維持的條件下的案例目前非常稀少。[67]顯然地，單一國的上下隸屬且一元集中的性格本來就難以對應多元社會的要

[67] 誠然，如果沒有繼續維持民主政體的前提，20 世紀的納粹德國的成立與南斯拉夫的解體，是最著名的由聯邦國轉型或分裂成為單一國的案例。至於在維持民主政體的情況下，僅有西班牙曾試圖在 20 世紀末轉型成為聯邦國，雖然旋即恢復原來單一國的國體，但具備聯邦體質的西班牙政府(federal nature of Spain's government)的未來動向仍值得觀察。

求，而當建立在權力分割與尊重多元的聯邦國卻反而能夠讓民主政治的運作更加潤滑，特別是異質性高的國家。雖然日本是個同質性很高的單一制國家，但是由於其人口眾多與地方意識高漲，致使日本國內各界對於轉型成聯邦制國家與否的議論日益增強。

第三節　都道府縣的再定位

在實施民主體制的國家當中，日本是人口規模排名第一的單一制國家；即使對比聯邦制國家也僅有美國和印度較其人口多，而德國、加拿大、澳洲等都比日本少。而從歷史背景觀之，日本並非不存在建立聯邦國的條件，日本在成為近代國家之前是個封建國家，而明治維新亦是由諸侯國（地方）而非幕府（中央）所推動。但由於當時面臨內憂外患的亡國危機，致使近代日本最後演變成一個高度中央集權的單一國（陳建仁，2007: 573-576）。第二次世界大戰後，日本帝國雖然遭到解體，但是其中央集權的體質卻繼續在新的民主國家中存活下來。迨進入 1980 年代以後，日本泡沫經濟崩潰，為了重建國家財政、解決政府赤字、加強國民的政治參與、以及處理日益僵化的中央官僚體系等難題，日本政府開始試圖解開過去中央對地方的權限、財源、以及人事的枷鎖桎梏，讓地方得以自立與活化，並進而促使國家的復活。日本的地方分權改革正式邁開步伐是在 1993 年，然而真正具體化的第一次地方分權改革的推動卻是在 1995 年以後。日本第一次地方分權改革的主要內容有「機關委任事務」的廢止[68]、「國地方係爭處理委員會」的設置[69]、「必置規定」的更改[70]、以及國家的「關與」性質的調整等。此舉可以說是將過去中央政府對於地方自治團體的權限和人事的束縛予以解除，並使中央與地方開始由「上下主從」轉形成「對等協力」的關係。而 2000 年開始推動的第二次地方分權改革，則是以「三位一體改革」和「市町村合併」為主軸，前者是逐步調整過去的國稅本位的中央財政，讓地方能夠經濟與財稅自主；後者則是擴大地方自治體的規模，使其財政上能夠更為豐潤。日本地方分權改革的到達點可以說是「二層的完全自治體」與「綜合行政主體」（橫道清孝編，2004: 328），這即是實踐《歐洲地方自治憲章》所揭櫫的輔助原則與可近原則，亦即讓離民眾最近的地方自治體優先處理公共事務（第 4 條之 3），更簡單的說法就是「地方能做，中央不做」的精神。然而當日本步履闌珊地推動權力下放給基礎自治體的改革時，廣域自治體（都道府縣）的定位也開始出現爭議。

完成第一次分權改革而功成身退的日本地方分權推進委員會(2000)在最後報告的第四章「分權改革の更なる飛躍を展望し

68 「機關委任事務」即我國的委辦事項，其廢除的意義可說是將過去中央藉由委辦事項來箝制地方的束縛完全去除，讓地方行政權的監督權回歸地方意思機關。此事項改為六成的「自治事務」和四成的「法定受託事務」。前者即固有事項，後者為委任事項，皆屬自治事項。

69 「國地方係爭處理委員會」係中央與地方有爭議的時候，改由此中立的委員會審議之組織，其主要迴避過去中央球員兼裁判的問題。

70 「必置規定」則是本來由國家設置在地方自治體的各類組織或職位，透過「必置規定」的大部分廢除，得以讓地方重新擁有較為完整的自治組織權與人事自主權。

て」中指出，未來有需要將包含都道府縣在內的地方自治制度的設計重新審視，並在第三次分權改革中將新的地方制度藍圖明確化。事實上，這就是暗指日本的「道州制」議案。道州制是指將日本現行的都道府縣制度擴大整併為道州的制度，其具有廣域行政（跨域合併）的意涵。如果往前追溯的話，日本政府內部分別在 1927 年和 1949 年就已經有「州廳設置案」、「州制案」、「道制案」等（岩崎美紀子，2005: 2）。道州制的內容隨著時代的移轉而有各種不同的內容，其過去雖未曾被認真地搬出檯面，但在日本社會當中卻一直是受到矚目的主題。而最近道州制在日本以非常真實的面貌開始呈現的原因，其實就在於日本市町村合併的發展。地方分權推進委員會雖然沒有明確在最終報告中指出推動道州制的必要性，但已經預見了隨著基礎自治體的規模能力和行政區域的擴大，對於離民眾最近的政府的基礎地方自治體一旦正式具備其實踐輔助原則的政治功能，則廣域自治體存在的必要性當然會受到質疑。換言之，透過兩次的地方分權改革，市町村所轄的全部公共事務已經自治事項化，而又在法制上不再受到國家及上級機關的積極行政監督，可說是將取得過去都道府縣的大部分權力而成為一個自立自足的綜合行政主體，而不再像過去一般只是國家行政下的部分機能的派出機關，那麼權力下放後的空殼化的都道府縣的定位將是最大的問題。

地方分權改革之前，都道府縣所扮演的角色是市町村的上級行政機關，雖然日本在 1956 年於《地方自治法》中規定了所謂的「市町村優先原則」，但在實務上卻是背道而馳。在中央集權的金字塔型結構下，都道府縣被定位為「包括市町村的廣域地方自治團體」，法律上的權限與事務俱是以都道府縣為重點（森田朗編，2000: 118）。

過去都道府縣主要的事務可以分為以下四種：廣域事務（跨域事務）、統一事務（共同事務）、連絡調整事務（聯絡協調事務）、以及補完事務（補足事務）。其中，備受爭議的就是統一事務與連絡調整事務，由於統一事務大部分都是國家的委辦事項，結果使得都道府縣淪為國家的派出機關；而連絡調整事務雖然名義上是處理中央與市町村之間的聯繫、市町村之間的斡旋、市町村事務組織與運作的建議、以及市町村行政的處理基準的設定等，然這樣的權力致使都道府縣得以用上級機關的姿勢來指揮監督市町村，進而妨害到其自治與自主。於是在第一次地方分權改革中，統一事務隨著機關委任事務的廢止而跟著廢止，連絡調整事務與國家的「關與」同步地壓縮到必要的最小限度，都道府縣與市町村之間的事務處理以「市町村優先原則」為基準，並且制定予以由都道府縣與市町村在進行協議後，透過都道府縣的自治條例權限下放的法制（森田朗編，2000: 119-125）。

自此，都道府縣喪失對市町村指揮監督的優越地位，兩者可以說逐漸形成對等協力的關係。此外，第一次地方分權改革後，都道府縣的三個管轄事務之中，連絡調整事務與補完事務基本上都是對市町村進行支援的性質，其實僅剩下廣域事務是都道府縣本身的事務。（參見圖 6-1）也因此，今後都道府縣的存在意義，就是在於這個機能是否能夠充分運作這一點上面（橫道清孝編，

2004: 251）。職是之故，面臨權限空洞化窘境的廣域地方自治體的出路，除了中央的權限下放之外，僅有透過道州制重新釐清目前尷尬的地位——擴權成為具備地域主權的類似州政府(state)的準國家機關；抑或是非法人化成為隸屬中央政府管轄監督的國家派出官署。

圖 6-1　都道府縣的權限變化

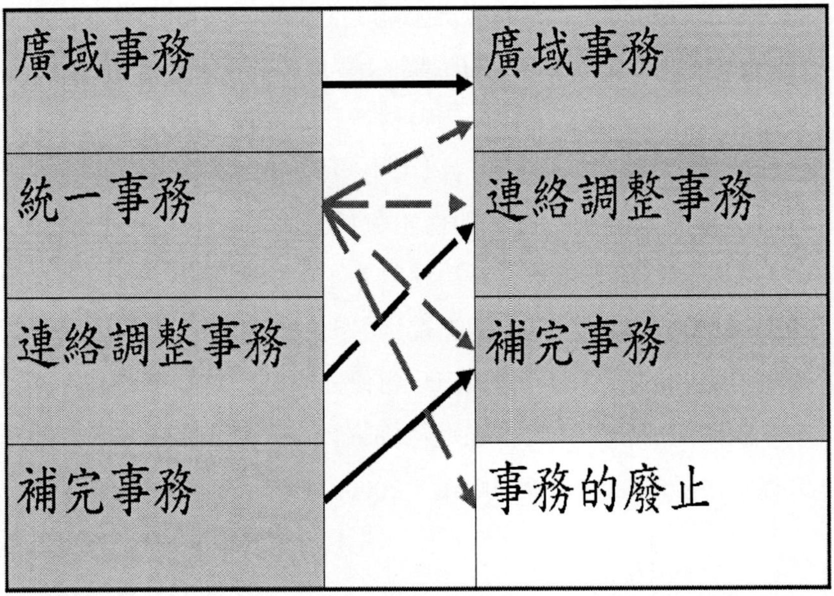

資料來源：（森田朗，2001: 121）

第四節　道州制的構想類型

到目前為止，日本地方分權改革的主角仍是基礎地方自治體市町村，因此隨著市町村的綜合行政體化與自立自主化，都道府縣的定位開始越來越模糊。無疑地，日本的地方分權改革的最終目的是建立一個強地方弱中央的分權型民主社會，也就是一般新公共管理學所稱的小政府，然而位於基礎自治體與中央之間的都道府縣卻處於尷尬的位置，於是關於都道府縣未來走向的討論也就越來越蓬勃多樣。2006 年，日本第 28 次地方制度調查會像日本總理提出《關於道州制的理想狀態之答申》，可以說是「道州制」正式官方文件當中最詳盡的報告。其中，更是建議將日本既有 47 都道府縣合併成為 9、11、或 13 道州，以實現地方分權改革的理想。（參見圖 6-1）事實上，在 2005 年的眾議院選舉時，日本的自民黨和民主黨都已經不約而同地喊出「道州制的檢討」或是「道州制的實現」的競選政見，而 2006 年安倍晉三的總理就職演說中，亦提及「邁向道州制的正式導入」的政策理念（地方自治制度研究会，2007: 3）。即使民主黨自 2009 年獲得執政權後，道州制仍為其政見之一，時任內閣總理大臣的鳩山由紀夫即在同年發表〈我的政治哲學〉一文中，強調透過道州制之檢討，建立以輔助性原則為依歸的「地域主權國家」。（鳩山由紀夫，2009）然而，雖然道州制的構想已經逐漸從學者的書架上移到政治的角力場，但有關日本廣域自治體走向的最後定案仍懸而未決，目前僅能從若干文獻中去追尋蛛絲馬跡。

日本未來的廣域自治體形態的構想可謂五花八門，提出者亦有來自產官學各界，主要的形態大致可以分為以下幾種（參見表6-1）：

表 6-1　日本廣域自治體合併的構想

項　目	類　　型
制度	聯邦制—道州制—都道府縣合併—都道府縣廢除
層級	一級制—二級制—三級制—四級制（複數結構）
廣域法格	地方自治體—中間團體—國家行政機關—邦政府
程序	全國一起實施—地方自行選擇
國家權限	權限下放—權限不下放
地方財政	大幅調整—維持現狀—不調整
區域數	7 區域～17 區域
執行機關	首長制—評議會制—經理人制
國會	一院制—二院制
首都	特別處理——視同仁

資料來源：（田村秀，2004: 135）

一、全國一級制

廢除中央與都道府縣，僅留下最基本的市町村的小國寡民構想。但由於這種類似無政府主義過於激進，其實現的可能性非常低。

二、都道府縣廢除制（二級政府制）

直接將廣域自治體的都道府縣廢除或是虛級化，使日本成為中央與市町村二級政府的構想。然而，無論是都道府縣公務員的出路，或是廣域行政需要和國民習慣，皆限縮了這個提案的可行性。

三、聯邦制

將日本由單一國轉型成聯邦國，在憲法中明定聯邦政府與州政府之間的權力分配，並且讓州政府也享有修憲的審議權。值得注意的是，這種方式已經脫離地方自治制度改革的範疇，而是國家型態的改變或是國家構造的重組（橫道清孝編，2004: 282）。其優點為防止中央的集權及濫權與實現真正的地方分權國家，並且得以更進一步深化民主。然而，日本對於轉型成為聯邦國的疑慮主要有四項：第一、聯邦制的必要性的疑問。聯邦制是複雜的歷史產物，其是否有可能用人工的方式來移轉？而日本已經實施單一國超過一個世紀，是否還有可能轉型？第二、為了推動地方分權而推動聯邦制的疑問。地方分權國家與聯邦制國家未必是恆等式，有地方分權國家未必是聯邦國，聯邦國或其下的地方政府也未必都是地方分權。第三、政府機能的複雜化與非效率化的疑慮。聯邦國的政治制度一般都是較為複雜，其效率有可能比單一國還要低落。第四、實現聯邦制的過程的不明確性。實現聯邦制必須透過修憲，以日本現行的憲法條文來看，必定是非常龐雜的大工程，對於一個日本社會是否能夠習慣都還是未定數的制度，勞師動眾地翻修國家體制實為不智。如果真的要實行，也應該是當作長期的課題來處理（田村秀，2004: 210-211）。

四、道州制

廢除目前所有的都道府縣，由全國國土另行總體規劃以道州為名稱的新廣域地方自治體，此是目前日本學界與政界最有矚目的改革方向，前述的地方制度調查會便有提出三種道州制的區劃的範例（參見圖 6-2）。其優點在於能夠對應跨區域的行政需要，舉凡河川管理、交通整備、綜合開發、環境保護、垃圾處理、災害防治、山林管理等。（參見表 6-2）此外，擴大都道府縣的規模將可以促使中央下放更多的權限與稅源，並使廣域自治體的能力與效率獲得提升。相較於聯邦制，道州制不需要修改憲法，可以減少改革所必須承擔的成本與風險。缺點則有：第一、委辦事項復活的疑慮。第二、道州之間的貧富差距擴大。第三、對於民眾來說，道州的距離比都道府縣更加遙遠。第四、人口較多的道州首長，民意基礎與政治影響力將比國會議員出身的總理更大，恐怕會有葉爾欽效應的問題。

表 6-2　道州事務的構想圖

道州制の下で道州が担う事務のイメージ

行政分野	道州が担う事務
社会資本整備	**・国道の管理** ・地方道の管理（広域） **・一級河川の管理** ・二級河川の管理（広域） ・特定重要港湾の管理 **・第二種空港の管理** ・第三種空港の管理 **・砂防設備の管理** **・保安林の指定**
環　　境	**・有害化学物質対策** **・大気汚染防止対策** **・水質汚濁防止対策** ・産業廃棄物処理対策 ・国定公園の管理 ・野生生物の保護、狩猟監視（希少、広域）
産業・経済	**・中小企業対策** **・地域産業政策** **・観光振興政策** **・農業振興政策** **・農地転用の許可** **・指定漁業の許可**、漁業権免許
交通・通信	**・自動車運送、内航海運業等の許可** **・自動車登録検査** **・旅行業、ホテル・旅館の登録**
雇用・労働	**・職業紹介** **・職業訓練** **・労働相談**
安全・防災	**・危険物規制** ・大規模災害対策 ・広域防災計画の作成 ・武力攻撃事態等における避難指示等
福祉・健康	・介護事業者の指定 ・重度障害者福祉施設の設置 ・高度医療 ・医療法人の設立認可 ・感染症対策
教育・文化	・学校法人の認可 ・高校の設置認可 ・文化財の保護
市町村間の調整	・市町村間の調整

（注）ゴシックは、原則として道州が担うこととなる事務で、国から権限移譲があるもの。

資料來源：（第 28 次地方制度調查会，2006）

五、都道府縣合併

由都道府縣自主合併，或是由合併意願較高的地域開始先行合併，中央政府不扮演主導的角色。其優點在於移轉的過程相較於道州制的一起實施更為穩定，且地方反對的程度較低；但缺點卻是，容易造成廣域自治體之間更大的差距，以及妨礙國家整體發展。

六、都道府縣加道州制（四級政府制）

這種構想主張先繼續保留都道府縣的現狀，再於其上設置新的道州的廣域自治體。其優點是能夠緩慢圓滑地逐步將都道府縣廢除，減少反對聲音的同時，亦能兼顧跨域的行政需求。然而，其缺點是疊床架屋，而且將會增加更多的公務員，還有更大的財政黑洞。因此，此方式並未受到太多青睞。

綜上所述，日本目前對於第三次地方分權改革仍屬於紙上談兵的階段。就呼聲最高的道州制以言，其變動幅度與民主深化最大者為邁向聯邦制，中央權限下放次之，維持既有都道府縣權限僅單純進行合併再次之，而虛級化為國家派出機關則為最後。無疑地，道州制的爭點並非在於廣域自治體的行政區劃的廣狹，而係在於廣域自治體的自治權限的多寡。若以日本學者所提倡的三級政府權限劃分構想觀之（參見表 6-3），將廣域自治體轉型成為國家派出機關顯然地已不符需要，聯邦制與權限下放方式才有實現這種小而能政府的藍圖。簡言之，道州制的爭點在於，日本要成為地方分權的聯邦制國家，抑或是地方分權的單一制國家。前者並須涉及到憲法與憲政的整體變革，而後者相對的改革成本較為低廉；但是，前者較能透過憲法保障地方自治體的地位，而後者仍侷限於單一制國家的體質，中央依舊掌握地方權限的生殺大權。設若日本地方分權改革以民主深化為首要的目標，則前者將是最後的終點；而如果僅是以提升行政效率或增加政府職權為目標，則後者被青睞的可能性較大。

表 6-3　日本三級政府的權限劃分構想

國家（小政府）	國防、外交、司法 立法、治安、通貨
道州（地域主權）	廣域國土建設（河川、道路、港灣、森林） 產業活性化（農水、商工、僱用、觀光）
市町村	人才（義務教育、人才培育） 安心安全（消防、防災、環境、醫療、福利、衛生、保健）

資料來源：修改自（地方自治制度研究会編，2007: 204）

事實上，聯邦制並非僅是單純的中央與地方的權限劃分。聯邦制國家與單一制國家最主要的差別在於，地方自治權限與地位的憲法保障。（薄慶玖，2001: 23-27, 123-127）地方分權改革的主要推動者的西尾勝教授便主張，日本應仿照聯邦制國家的參議會模式，廢除目前功能較弱的參議院，改設「地方自治保障院」，以落實分權型社會的理念。（西尾勝，2006: 98-100）。亦即，透過由地域代表組成的國會與由人口代表的眾議院共同行使立法權，以落實地方自治體的國政參與權，從而防止中央政府的恣意侵犯。然而，聯邦制國家並非單以參議會為特徵，諸如地方權限的憲法保障、地方的修憲同意權、以及地方的部分司法與外交權等，俱是日本目前憲政體制所欠缺，此亦為單一制國家推動地方分權的侷限性。在中央政府掌握修憲權的現狀下，顯然地，這種自廢武功式的國家體制改革難以實現。也因此，雖然日本的學界與政界普遍存在「道州制熱」的風潮，但若無出現重大的變革時機(timing)，則道州制的落實將是遙遙無期。

以日本的人口和歷史背景來說，從單一國轉型為聯邦國的基本條件充足；然而，也同樣是歷史因素致使日本躊躇於國家體制的變革。在民主國家當中，實施地方分權的單一國與聯邦國或許表面上看起來十分相似，然其最大的差別在於，單一國的地方自治權係由中央以法律或行政命令所授與，中央政府隨時能夠恣意地修改或消滅；相反地，聯邦國的地方自治體的權限則屬於憲法授與，中央既不能片面以修改法律收回，也不能單獨修憲來侵犯州政府的權限。當日本對於地方分權改革畫地自限地歸類於行政改革時，需要修憲才能實現的聯邦國的可能性自然微乎其微。不過，日本地方分權改革目前仍是現在進行式，第二次改革的進步並不如當初所預想的樂觀，事實上，中央幾乎是非常不情願地緩慢地將財政移轉給市町村，也因此才會發生事務過多但是財源不足而宣布破產的自治體事件發生。如果單以此點觀之，日本即使日後推動道州制，也同樣會存在中央積極主導或是消極不配合的可能性。道州制或許在可預見的未來內仍然無法實現，但可以想見地，當日本地方分權改革如果一再受挫於中央主導的政策時，則聯邦制的呼聲可能將會越來越高。

圖 6-2　日本道州制預定區劃範例

道州の区域例

【区域例－１】

【区域例－２】

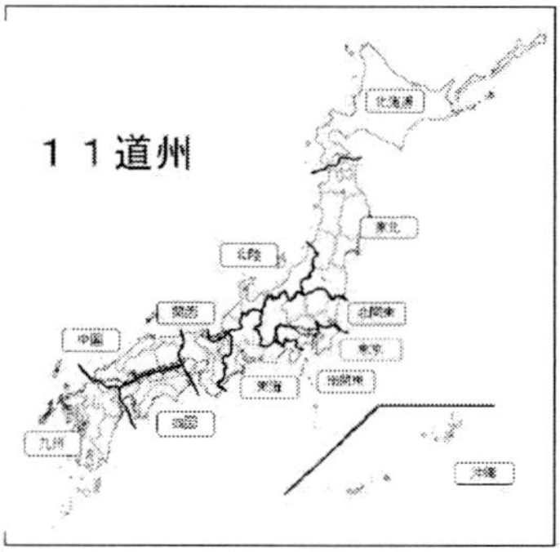

【区域例－３】

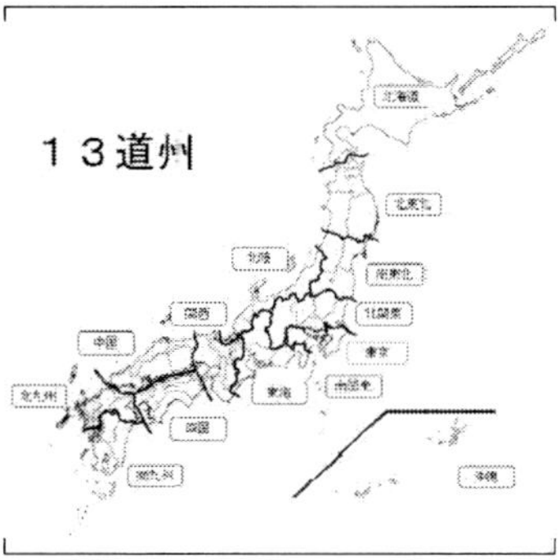

道州の区域の考え方

○　道州の区域は、社会経済的・地理的・歴史的・文化的条件を勘案して画定。

○　区域については様々な考え方。答申では区域例（各府省の地方支分部局の管轄区域に基本的に準拠）を３例示す。

○　区域の画定手続は次のとおり。
- 国は道州の予定区域を示す。
- 都道府県は意見（変更案等）を定めて国に提出できる。
- 国は意見を尊重して区域に関する法律案を作成。

○　東京は周辺県と合わせて一の道州とすることが基本。ただし、東京都の区域のみをもって一の道州等とすることも考えられる。

（注）
1　道州の区域については様々な考え方があり得る。ここで示した区域例は、各府省の地方支分部局に着目し、基本的にその管轄区域に準拠したものである。
2　東京圏に係る道州の区域については、東京都の区域のみをもって一の道州とすることも考えられる。

資料來源：（第 28 次地方制度調查会，2006）

第七章
日本的住民自治之發展

地方分権改革は、
だれもが住み慣れた地域で
生き生きと暮らし続けていける
社会を目指している。

——新地方分権構想検討委員会

第一節　住民自治與政治參與途徑

地方自治（local self-government）係指地方居民依其自主意思，自組公法人團體，以地方自己的人力與財力，自行處理公共事務之制度。因此，地方自治即是一種地方民主的制度。（薄慶玖，2001: 11）在此前提之下，地方自治的完善與否，實與該行政區劃內的居民是否能夠透過政治參與的途徑以有效表達並落實其自主意思，具有不可分割之關係。此即構成地方自治的兩個重要意涵當中的「住民自治」之要素，亦是強調制約國家權力的市民社會（civil society）理論之基礎。近年來，隨著公共事務的日益複雜與居民自主意識的提升，強調政府部門與民間組織雙方相互合作的地方治理（local governance）的觀念開始逐漸受到重視，雖然治理與過去著重由政府單方高權支配的統治模式迥異，然其核心的關注點依然是圍繞於地方住民之政治參與。換言之，地方治理雖在手段上強調決策執行的公私協力過程，然其在本質上仍屬地方自治的一環，在目的上仍是落實地方民主。職是，地方人民如何參與地方治理以實現民主為本研究之問題意識。

民主體制的最佳理想狀態係由全體人民統治國家所有事務，然因受限於時間、場所，以及成本等現實條件，民主先進諸國多採取間接的代議民主制度。法國學者康士坦（Benjamin Constant）在 19 世紀初便曾從經濟社會變遷的觀察中指出，由於下列四個原因，相較於古雅典的直接民主制度，代議民主制更適合現代商業社會：（一）國家領土擴大與人口數目增加，致使難以匯集全民於一堂討論。(二)由於廢除蓄奴制度，因而現代市民無暇參與政治。(三)基於前項原因，現代社會的個人忙於追求私產的累積，因而減少關注公共事務之時間。(四)商業社會強調個人的獨立自主與鬆綁過去的集體意識，致使現代市民對於參與公共事務的意願降低。(江宜樺，2001: 68)因此，現代民主國家往往採用以選舉的方式選出立法機關的成員，由其代表全體國民制定法律和監督行政的代議民主制度。然而，代議制度畢竟只是民主體制的過渡方案，其國民代表性不足、政黨分贓、漠視民意、以及包裹選舉等闕漏屢屢受到詬病。這種間接體現主權在民的妥協制度，實際上存在著濃厚的精英主義和排貧主義的色彩，因而隨著現代化與資本主義化的進展，民主先進國家莫不面臨民主空洞化的危機。地方自治亦然。地方自治雖然強調住民的自治參與和自主意志，然在實際運作上，卻是以地方行政首長與地方民意代表的精英思維為主軸，地方居民的意思表達與參與決策往往淪為選舉活動期間的花絮。因此，如何增加直接民主(住民自治)的成分以彌補現行代議制度的缺失，遂成為今日地方自治研究者無法回應的課題之一。

本研究以政治參與(political participation)為核心，採取文獻分析法，探討地方治理中地方居民的意思表達與政治參與之途徑。首先，本研究溯尋地方治理之意涵，以理解地方治理與民主政治之關係。其次，透過剖析傳統地方自治的住民參與之模式，從而審視地方治理的市民參與途徑。最後，探討市民參與地方治理的公私協力所可能發生的問題與回應。希冀透過本研究之初探，能夠逐步釐清地方人民參與地方治理途徑之輪廓。面對當代間接民主制度之缺失，學者主要分別持有兩種不同之理論。主張「補完論」的學者認為，在代議民主為主體上輔以直接民主的機制，則可彌補其缺失；相反地，堅持「過渡論」的學者則認為，代議民主僅是民主化過程中的暫時過渡機制，其無法有效地表達人民的意志，因而直接民主才是民主化的真正目的。然而，本研究並不拘泥於此兩種理論之範疇，而係認為無論直接民主或間接民主，人民的政治參與的途徑越多元，民主文化就越能落實，而國家整體的民主制度就越能鞏固。因此，本研究主要強調政治參與的各種民主途徑，而較少著墨於代議制度的未來模式之討論。

第二節　住民自治與地方治理

治理是晚近社會科學研究當中出現頻率頗高的名詞，但是其定義卻是模糊未明、莫衷一是。一般咸信，治理這種想法最早係被用來理解國際關係。因為國際社會是各個擁有主權的國家利害衝突、卻沒有一個在其之上的「中央政府」的政治環境。（上條末夫編，2005: 75）在這雖然存在一定政治秩序但卻不存在實質的超國家權力機構的「自然狀態」（state of nature）中，由於不可能出現上下隸屬的垂直關係，故只存在於各國的行動者（actor）的水平關係。職是，治理便指是在此種沒有由上而下的公權力的行使、強調對等的夥伴關係的國際秩序裡，包括國家、私部門、

第三部門（third sector）等各個行動者依循一定的規則交互影響形成政策的過程。聯合國的「全球治理委員會」（Commission on Global Governance）在 1995 年發表的《Our Global Neighborhood》便是治理定義的最佳佐證。[71]其指出，全球治理除了重視政府間的關係外，更對其與包括非政府組織（NGOs）與各種市民活動的廣義國際民間社會、國際組織、跨國公司和世界資本市場等的非正式多邊（informal multilateralism）關係。「治理是公私部門的個人與機構在管理他們共同事務的諸多方法的總和。其是使相互衝突的或是相異的利益採以調和或是合作的持續過程。其包括有權強制遵守的正式的機構和政體，亦包括人民與機構皆同意或體認符合其利益的非正式的協議。」(Commission on Global Governance, 1995)由此觀之，治理的本意乃是去除過去公權力（政府）為唯一決策主導部門的迷思，轉而強調公共議題上公私互相協調利益的持續互動過程，更重要地，治理符合了民主精神中的審議協商的本質。

原本使用在國際社會的治理的概念，迅速地被學者們引進到各國國內，一時蔚為先進的社會科學嶄新領域。然而，急遽地於學術界與實務界發展的治理一詞，雖然在詮釋與解讀上呈現相當多元的樣態，也開始與統治、管理（包括新公共管理）、行政等舊有的名詞交雜混淆，以致治理的面貌日益模糊。換言之，新概念的 governance 與舊概念的 governing、government、management

[71] 國內大多翻譯為『我們的全球夥伴關係』，顯然是注意到夥伴關係中的對等協力的意涵，相較於「近鄰關係」的直譯更為貼切。

無法產生明顯的區隔。這不僅出現在國內，其他各國也有同樣一詞多義的情形發生[72]。事實上，治理的論述可說是百家爭鳴，有新瓶裝舊酒者、有新保守主義的小政府與新公共管理的右派觀點者、有第三條路線的新左派觀點者等種類繁多，卻幾乎將涵蓋所有社會科學學界，似乎以「治理」來解決當前政府危機的方式已成為所有有識之士的唯一答案與共識，但是這種共識的名詞卻又是各自解釋。從治理最熱門的名言「governance without government」觀之，在國際層面上，本來就不存在政府與統治的問題，當然是實至名歸；可是在國內層面上，此說法與翻譯遂出現爭議，究竟是「沒有政府的治理」？還是「沒有統治的治理」？(Rosenau and Czempiel eds., 1992)若從地方自治的脈絡推敲，似乎後者的翻譯是較為正確，因為政府（公部門）並未退出治理的過程，其僅是從過去唯一主導的支配者轉為參與公共政策過程的行動者之一，所以「從統治轉型成治理」（from government to governance）的描述更為貼切。[73]亦即，所謂治理與統治最大不同點乃在於公共事務的直接參與行動者的不同，就統治而言，政府是公共事務的唯一的主導者，人民僅是有參與選舉行政首長與民意代表與否的角色，對於公共事務有直接參與並擁有決定權的僅止於公投權的行使；就治理而言，人民不但是有權選舉立法與行政部門的代表人，也能夠參與公共事務的討論與決策，同時得監

---

[72] 例如，日本也同樣有將 governance 和統治混淆的情況發生。（岩崎正洋編，2005: 11）而 Kooiman 也整理出治理至少有 12 種說法，而且各不相同。(Kooiman, 2002: 71-76)

[73] 本研究認為 governance 宜翻譯「公私共治」或「共治」，才能更貼切其涵義。

督行政執行與績效的互動過程。而地方治理，也同樣循著同樣的脈絡，讓公部門的地方自治體、私部門的地方企業、以及第三部門的非營利民間地域團體得以共同參與並監督地方事務的決策、執行，及評估。

可以說，將治理對焦於地方自治團體，不僅可以改變代議政治下僅有精英競爭而沒有民眾參與的常態，更可以進一步縮短人民對政治的距離，透過意見交流和共同決策，實現修補現行代議民主體制的目的。誠然，地方治理的實施亦有其窒礙難行之處。譬如，公部門與私部門如何共同合作？所謂治理的公共平台究竟為何？如何防止公部門過去的官員本位的指導與支配心態？民意機關於治理中的角色為何？特別是，地方市民或第三部門如何參與治理的過程、如何處理與公部門的衝突、以及其意見如何獲致重視？換言之，治理的民主參與過程在實踐上仍有賴更進一步的制度改革與研究調查。因此，地方自治的市民參與途徑便殊值研究。

第三節　住民自治的分析層次

政治參與的定義雜多，諸多學者對於政治參與的定義難以一致，特別在於參與的形式是否出於強迫、或是否直接接觸等條件上，各自的解讀迴異。更甚者，亦有學者認為接受政治資訊與談論政治話題的消極表現，或是暴力革命的極端表現，都應歸類為政治參與的範疇。(Verba and Nie, 1972; Huntington, 1971;

McClosky, 1968)然本研究主要試圖以民主深化的角度探討市民參與地方治理之體制內途徑，故較著重於民主精神與積極自願之層面，因此，將市民參與定義為「市民出於自願，以各種非暴力革命途徑積極影響政治的過程」。[74]究其原因，本研究首先排除實際參政的政治人物，因為其並非符合被治者的條件，而係屬於統治者的立場。第二，由於強調民主深化的側面，故本研究亦排除暴力革命與武裝暴動的政治手段，但其他手段則無關乎合法與否。第三，本研究認為政治參與係體現市民積極關注周遭的公共事務之精神，故排除強制性、義務性、以及儀式性的政治參與。最後，無論是否實質改變政府政策，本研究認為政治參與可以是直接或是間接的途徑。

過去對於市民的政治參與的途徑，主要從間接民主和直接民主的手段加以區分，前者主要指選舉和罷免的相關活動，後者則是指請願、陳情、遊行、遊說、公聽會、社會運動、公民投票（含referendum、plebiscite、initiative）等方式。（加藤秀治郎，2005）然而，其區隔仍不免模糊，譬如公民投票雖然係屬直接民主，但其以意向式的選擇為多，而無法更清楚呈現市民的細部意見，其具體實施仍依賴代議制度的操作。顯然地，在不以代議民主為主體的前提下，政治參與的方式亟需更進一步的劃分。江藤俊昭依據日本的法律與自治條例的規範內容，將住民自治由下而上區分為住民自治的基礎、審議民主（deliberative democracy）的層次、

[74] 部分參考 Milbrath 所主張的簡略定義，「人民以各種途徑，努力影響政治的過程」。（張明貴，2002: 294）

參與民主（participatory democracy）的層次、代議民主的層次等四個階段（參見圖 7-1），以探討新型態的地方自治制度。（辻山幸宣編，2006: 53-55）此種分類方式，顯然能夠與民主理論發展契合，因此本研究遵從此種分類方式，依序探討包含地方治理的地方自治的各種政治參與途徑如下：

（一）住民自治的基礎。近代地方自治在概念上，主要包括團體自治與住民自治兩種基本原則。團體自治係指以一定之地域組成公法人團體，可依自己之意思自行處理地方公共事務，國家或其他權力均不得任意加以侵害或干涉，此為大陸法系國家的傳統。住民自治則是指地方住民依其自主意思，自行規劃、決定、以及執行地方公共事務，此係英美法系國家的傳統。前者為自由主義與垂直分權制衡之延伸，後者則為民主政治與政治參與之基礎，兩者缺一不可。（伊藤正巳，1990: 589；許志雄，1993: 283）如果說團體自治是地方分權的依據，則住民自治係為民主國家的礎石。事實上，住民自治可以說是地方自治甚是民主體制的統治正當性的來源。

住民自治的基礎可再細分為二類。其一，住民自治的前提。此類制度雖依賴公部門的主動舉行，但卻是市民接觸公共事務的政策與執行的重要管道，諸如資訊公開、說明會、公聽會、以及地方自治體的公開募集意見等，皆為市民參與地方治理的前置條件。其二，地域組織的提案。住民自治最重要的精神在於表達居民的自主意思，然市民的意見並非僅能間接地透過民意代表於法定的議會殿堂上匯出，而係能夠在民間社會的公共領域中對於切身事務提出看法，並能獲致有效的政府回應。問題是，個人雖然有表達意見的自由，但其聲音較為薄弱而有被漠視的可能性，因此地方住民的意見若能透過中介的民間團體匯集，則其能見度與重視度將大幅提升。[75]此類中介團體以非營利和非官方的地域組織為主，諸如社運團體、公益團體、後援會、婦女會、家長會、社區發展協會、文史工作室、財團法人、以及政黨組織等，此即前述所稱的第三部門。易言之，地方治理的公私協力的概念，其實暗合住民自治的精神。第三部門得以透過對身邊週遭的公共議題的關注與提案，發揮利益團體（interest groups）的政治功能，從而影響地方自治體的決策。然而，住民自治基礎的階段，市民的政治參與仍是屬於間接地影響政治運作，僅擁有建議權而非真正的決策權。

（二）審議民主的層次。面對當代的間接代議民主弊端，學者提出參與民主的理論，強調唯有擴大人民的參與，才能解決不平等與非自由的問題。(Pateman, 1979: 171-173; Macpherson, 1977: 69-76)然而，由於市民提案能力的不足、市民的政治冷漠、政府支出膨脹的可能性、以及市民可能提出自相矛盾的提案等參與民主所面臨的困難，致使部分學者主張可以引進審議民主來解決。審議民主在思想脈絡上雖有若干精英主導的色彩，(Besette, 1994: 46, 212)然其主要被應用於監督代議政治上，強調必須在市民社會

---

[75] 事實上，自 Tocqueville 的研究以來，中間團體的政治功能即頗受矚目。一方面，多元自主的中間團體能夠發揮防止國家直接侵犯個人的防波堤的功能，另一方面，其不僅能夠維持多元文化，亦能形成相對穩定的政治社會秩序，而具備國家與社會制衡的潤滑劑的功能。

中形成各種理性論述與對話的機制，以凝聚市民的共識與監督政府。(Habermas, 1996)職是，審議式民主理論轉化為一種促進市民政治參與的理論。基本上，審議式民主具有下列幾個內含的原則：(1)在審議過程中，市民與政府官員都必須公開地說理論述其主張，以合理化其行為；(2)參與審議者必須就其政策制定與執行對人民明白交代，人民則藉由在公共論壇中形成的理性批判來監督政府，因而確立責任機制；(3)經由理性與同理心的互動討論過程，市民可以達成尊重彼此立場的共識。(Gutmann and Thompson, 1996: 2-3, 95, 128)

審議民主係藉由公共論壇的政治參與，培養市民責任與意識，落實公共政策的問責性（accountability），從而使得公共政策更具有正當性，以俾能強化民主政治之運作。審議民主與其說是擴大政治參與的廣度，毋寧說是強化政治參與的深度。審議民主在地方治理的應用目前仍屬摸索嘗試的階段，然地方治理所需要的公共平台似乎能夠與審議民主的公共論壇重疊，惟公共論壇主要還是強調市民的相互討論而非官民的對話與溝通。日本的經驗顯示，審議民主的層次的市民參與並非完全是嶄新的制度，舉凡研習會（workshop）、公共意見（public comment）、研討會、論壇、居民說明會、公聽會、都市計畫及其他各種審查會、政策問卷、市民監測員（monitor）等途徑，皆能成為審議民主的實驗台，進而在地方公共政策的提案、決策、執行，以及評估等各階段中，逐步充實住民自治的政策協商與意思表達的成份。（辻山幸宣編，2006: 58-61）

（三）參與民主的層次。參與民主係回應代議民主的缺失而衍生之理論，參與民主的實現需要兩個先決條件：首先，個人必須把自身由被統治者的角色，調整為為了運用與發展自身能力而行動的主導者的角色；再者，必須大量減少既有社會與經濟的不平等。(Macpherson, 1977: 99)在政治體制上，雖然參與民主理論家都強調直接民主的必要性，但卻和 Marx 與 Lenin 不同。後兩者認為群眾組織可以輕易地取代代議制度；(Held, 1987: 257-258)參與民主理論家卻務實地在代議政治的基礎上加以改革。Macpherson 提出兩種可能的參與民主模式：第一種模式，是在基層實施直接民主而在基層之上實施代議民主的金字塔體制，即由社區或工廠開始實施直接民主，在面對面地討論後再循民主程序決定社區或工廠的事務，其次在較廣泛的層面上，選出代表組成地方議會，地方議會的代表接受選民的指示並向選民負責，接著議會將一層層地組織至全國層次，而在每一層次的議會中，提案權皆由議會中的委員會負責，而非由執行機關提案；第二種模式，是將金字塔型議會制與競爭性的政黨體系結合。(Macpherson, 1977: 108-114)

然而，如前所述，參與民主理論的實踐，卻要遭遇許多現實上的困難。因此，目前參與民主在地方自治的運作上，主要以陳情、請願、罷免，以及公民投票為主。雖然陳情和請願等途徑的行動者的積極程度遠較審議民主高，然其效果仍然端視政治人物的態度，而並無決策的效力。罷免投票雖然有實質上的決定力，但在現今的任期制的運作下，其效果並不明顯，市民的意願亦隨之低落。公民投票是近幾年台灣最重要的改革之一，其雖存在若干的問題點，但若就影響公共政策的強度而言，卻是市民參與中最有決定力的制度。[76]就地方性公民投票而言，市民得以決定自治條例、地方政策、行政措施、公共設施、租稅財政等的制定、設置、修改、或廢除，其意味著地方民意握有控制地方自治體的隆基努斯之槍（Spear of Longinus）。

（四）代議民主的層次。地方自治的政治參與的最高層次為代議民主，其決策權與執行權亦是最高層級。然此層次以政治參與和住民自治的角度觀之，卻已不合時宜。（辻山幸宣編，2006: 63）不僅地方立法機關的代表並非依照居民的組成的比例分布，居民亦對於當選的行政首長與民意代表的所作所為幾近無計可施。同時，代議民主的實施結果，往往代表著無責任與無效能的政治實態。此外，剛性政黨的運作方式，亦使得政治人物的個人政見往往必須屈服於所屬政黨的意志，而不得不與地方民意相左。以台灣的現狀而言，地方議會幾乎無法充分發揮其原有之功能，遑論代表地方居民行使自治權。（陳淳斌，2007；陳建仁、陳宏杰，2010）

[76] 第一，公民創制時的提案內容常有難以實際操作的困難。現代社會公眾事務的複雜與專業化，使提案的公民或公民團體常無法提出具體明確的選項，這不僅使公民投票時難以辨明所要表決的議案的真正內容，也使得通過的議案有難以執行的困難。第二，公民投票通過與增加福利供給有關提案的可能性很高，這可能使政府開支呈現驚人的不當膨脹。第三，最嚴重的，是極可能出現許多相互矛盾的需求，例如在要求減稅時又同時要求政府增加開支。因此，缺乏一調和由公民提出的不同需求之機制，將使此系統崩潰。(Macpherson, 1977: 95-96)

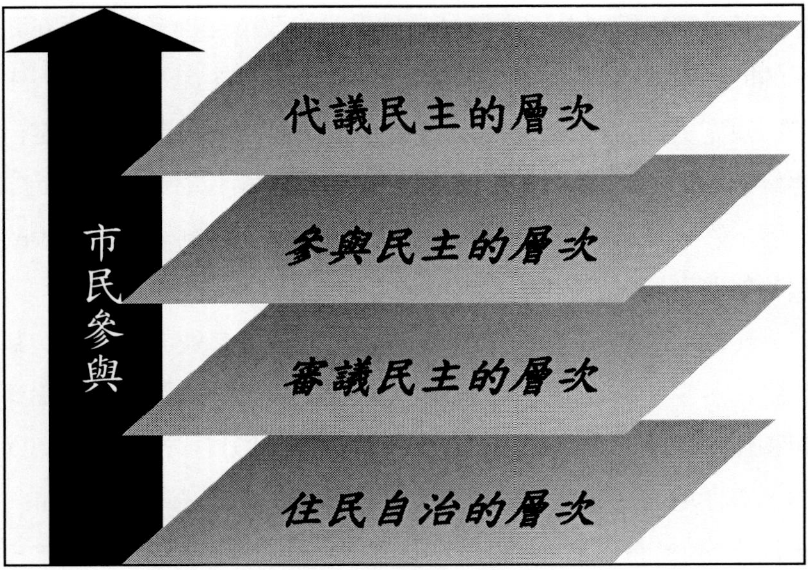

圖 7-1　住民自治的分析層次

在地方治理的各類相關論述中，大多談論著民間社會（私部門和第三部門）如何與地方行政機關（公部門）建立夥伴關係以俾推動共同合作，然其更深層的意義其實在於繞過代表地方人民的地方立法機關。換言之，治理的成分越多，就越突顯立法機關在反映民意上的低落度。即使前述的審議民主與參與民主的層次的討論，亦多著墨於地方行政機關的側面。顯見，無論中央或地方的立法機關在治理時代的尷尬處境。因此，地方立法機關實有適度地運用公聽會、說明會、座談會、問卷調查等市民參與的方式，設法拉近議會與市民距離之必要，以回應民主與治理之精神。（江藤俊昭，2006）

第四節　日本住民自治的課題

藉由運用公部門、私部門、以及第三部門所相互依存的政策網絡的地方治理雖是當代流行的思潮，然抱持著批判態度的學者亦不乏其數。宋興洲便曾指出地方治理至少存在以下四個問題點：（一）所謂轉型成為地方治理的國家，其實大多是承襲過去的傳統，而非近來的現象。（二）制度具有延續性，相較於分裂的網絡，民選的地方自治體方是真正決策的所在。（三）政治運作的趨勢是朝向更制度化的形式，而非以非正式關係為主。（四）治理概念過於模糊、不精確、且無限制地太有彈性，其效度令人懷疑。（宋興洲，2007: 350-351）孫本初與鍾京佑亦坦言，政策網絡界定過於困難，並忽略政策制定過程中的動態權力互動與制度環境的影響。（孫本初、鍾京佑，2007: 384-385）依據新川達郎的研究，網絡治理容易受到階級的權力結構與資源分配的優劣之影響，從而導致中央集權。（新川達郎，2003: 163）甚至，有學者已經開始懷疑，民主與治理是否在本質上具有衝突之問題。（岩崎正洋，2009）然而，本研究認為，即使地方治理存在上述之疑慮，作為彌補代議制度缺失的地方治理，其增加市民參與的廣度與深度的貢獻仍值得肯定。亦即，地方治理提供了住民自治的改革方向的作用。

從民主國家的地方治理經驗觀之，無論是否為固有的傳統抑或是創新的制度，其重視項目可以略分為以下五點：（一）重視以明文方式呈現具體的數字目標與達成期限的地方選舉確約

（local manifesto）。（二）重視審議機制。（三）重視市民的提案。（四）由市民決定地方上的重要事項。（五）靈活運用罷免制度。（辻山幸宣編，2006: 46-47）易言之，地方治理或許並非真正能夠由公部門、私部門、以及第三部門組成的分裂的政策網絡運作，然其對於市民的賦權（empower）卻是顯而易見。回顧前節所探討的四個市民參與的層次，無論是地方自治或是地方治理，並無存在牴觸的問題。相反地，倘若能夠重新確立從住民自治的基礎、審議民主的層次、參與民主的層次、代議民主的層次的由下而上的決策過程，逐漸由公部門的單方統治轉為民間部門與公部門的多元治理，則市民參與將非空言，民主亦能隨之深化。

最後，地方治理仍有兩個疑問尚待釐清。第一，市民有需要與公部門建立夥伴關係從而共同治理？第二，治理僅是誘導市民參與政治的制度？在第一個問題上，若干學者指出，就理論而言，公部門的官員僅是市民的雇員，身為雇主的市民並不需要與雇員共同統治。無論是地方立法機關的議員或是地方行政機關的首長與官員，只需要遵從市民自主意思的要求即可。（松下圭一，2005: 13）然而，實際的狀況卻是，市民無法有效地指揮或監督公部門。因此，反而有必要建立民間與官方合作的法定機制，從而尋求民意與專業的結合。在第二個問題上，市民社會的政治參與雖是民主體制所追求的目標，然而同時，亦存在出現極權主義的隱憂。亦即，治理有可能引發由政府主導的強制政治參與的動員政策，繼而成為專制獨裁政體，導致民主的崩潰。正如「解決民主弊端的最佳方式為更民主」所言，面對強制性政治動員的隱憂，則有賴於市民社會培育自願參與、多元文化、自由寬容，以及開放討論的土壤，如此，則極權主義的溫床將不復存在。

治理的概念起源於國際社會之運作中，各行動者因不存在唯一的資源分配者的高權行政，而不得不採取相互衝突且合作的決策過程，但是治理運用於地方自治卻非如此順利。市民參與地方治理所面對的情況亦與國際社會的行動者不同，甚至出現與其他部門不對稱的問題。本研究主要透過住民自治的基礎、審議民主的層次、參與民主的層次、代議民主的層次等四個住民自治的階段，分別探討市民政治參與的各種途徑，以尋求深化民主的目標。本研究認為，地方治理的公私合夥協力的理念或許陳義太高，難以落實，但其強化政治參與的企圖，卻與民主政治和住民自治不謀而合。職是，如何建構市民參與的完整法制，將是台灣未來地方治理與地方自治的重要課題。

地方治理的政治參與途徑雖然著重於地方住民的直接民主的側面，然而直接民主卻未必是人類社會最終的桃源鄉。事實上，直接民主制同樣備受政治學者的批判，舉凡政治過程的延宕、社會成本的提高、政黨與議會的弱化、對人民的過度要求、政治對立的尖銳化等問題，俱是其是否能夠解決間接民主的疑慮。（山本啓編，2008: 68-69）特別是，由於過度重視民意而有可能導致民主過載（overload）的困境，將付出相當的政治代價。然而，在重視效率而輕忽民意的今日，相較於直接民主的潛在弊端，代議民主的沉痾宿疾顯然更為迫在眼前。職是之故，無論是地方自治或是地方治理，仍需增進地方居民的政治參與，以深化民主及防止專制的再來。

第八章

結論：

日本地方分權改革的省思

この日本の国、社会は
それ並みの改革を必要としていると思います。
いろいろな意味で社会構造、経済構造を
変えなければいけないのですが、
それを変えるのはすべて政治です。

——西尾勝

第一節　永無終點的分權改革

歷史上，日本在大正年間與平成年間都同樣出現景氣蕭條與經濟衰退的危機。前者提倡中央集權，甚至不惜摧毀萌芽階段的大正民主政治，企圖以軍方和官僚主導的統制經濟體制與向外軍事擴張來挽救經濟危機，然最後卻將日本帶領到了國破家亡的煉獄。後者則主張地方分權，致力於國家內部的國家權力的分散與自由民主的深化，希冀藉由地方的活化和居民的參與，克服經濟困境與統治失靈，雖步履蹣跚地摸索前進，其結果成敗與否仍舊是未定之數，但已預先迴避了窮兵黷武的兵營監獄國家的結局。這是現代日本以「用更民主的方式來治療民主的弊病」的實際行動，作為人類對於國家型態想像的理論思索的部分解答。

近現代日本深受美國與德國這兩個聯邦制國家的影響，然而這個有悠久封建制度歷史的國家，卻是至今維持上百年之久的中央集權的單一制政體。同前所述，正是列強東漸導致的亡國滅種的外部環境壓力，迫使日本偏離舊路徑的制約，從而邁向制度變遷的關鍵轉捩點。然而，這種藉由中央行政體系支配社會整體的統一國家型態，自換軌後就此鎖定，並透過自我複製創造新的循環回饋。當再次換軌時，由於外部壓力的緊迫性解除，加上非自願性的特質，致使日本在戰後改革出現無比強韌的中央集權的歷史慣性。即使在自由民主與政教分離方面上成功地換軌，亦難以破除這種扎根於體制內部與思維深層的習性。此導致戰後日本無論是政黨主導或官僚支配，皆無法掩飾「國民不在」的代議民主流弊。1980 年代後期以降，這個立基於萬能中央政府神話的堅韌慣性，最終帶給了國民一個經濟蕭條、金權腐敗、政治動盪、地方停滯的日本列島。於是，制度變遷的關鍵轉捩點再度來臨。

1997 年啟動的自願性換軌改革，在小而能政府的概念下，一方面針對中央行政機關的權限與財源進行分散移管，以期解決政府肥大化與僵硬化的問題；另一方面則增強地方自治團體的職能與財源，促進地方與社會的活性化與效能化，從而希冀能夠解決只要中央一僵化則地方就萎縮，然後國家整體陷入停滯或動盪的困局。誠然，地方分權改革目前仍是現在進行式，但確立中央與地方對等關係，卻是目前改革的最大成果。亦即，在消極面上，部分消除過去中央省廳對地方自治體的支配機制，減緩寡頭鐵律的弊端；在積極面上，則是創造地方得以自由發揮的空間，進而逐步增加地方自治體的自立與自主。然而，除此以外，日本地方分權改革難謂竟其全功。（參見表 8-1）由於中央集權歷史慣性的制約，在整個改革過程中，仍然時可發現中央為了增強或減弱地方自主性而干預的矛盾情形，而在財政分權與市町村合併上的爭議至今依舊未歇。此外，第一次地方分權改革遺留下未解決的諸多問題，例如：必置規制、中央省廳公務員的出差任職、人事一條鞭、都道府縣事務空洞化、乃至於法定受託事務等。雖說如此，在地方分權改革已成為日本各界共識的今日，相信未來地方自治體離開中央行政機關的襁褓而自立自主、甚至轉而扶持中央的可能性與日俱增。

表 8-1　日本中央對地方的束縛之解除

地方分權改革前	目標	地方分權改革後
機關委任事務制度	廢除	1. 自治事務 2. 法定受託事務 3. 國家直接執行 4. 事務廢止
必置規制的濫設	廢除	緩和
積極關與權	修正	1. 消極關與權 2. 關與法制化
中央處理國／地方係爭	廢除	第三者機關準司法仲裁
地方出差任職	廢除	繼續存在
人事一條鞭	修正	部分繼續存在
補助金的用途	稅源移讓	1. 進行中 2. 個人住民稅
交付稅的決定權	稅源移讓	1. 進行中 2. 個人住民稅
課稅權的制約	廢除	進行中
起債限制	鬆綁	臨時財源對策債

資料來源：作者自行整理

這場不亞於民主化的地方分權改革難謂平順，在政治上面臨短命內閣的困境，在行政上受到中央省廳的抵制，在經濟上承受財政赤字的壓力，在地方上面對轄境合併的反抗，整個過程中恆常遭遇中央集權的強制回饋的侵擾。然而，日本地方分權改革的步伐，並未因為強勁逆風而佇足不前。（參見表 8-2）除了目前仍在進行的各項政策外，日本已開始著手未來改革的方向，諸如關於都道府縣層級的合併與賦權的「道州制」、國體改造的「地域主權國家」、落實住民自治的「狹域行政」與「都市內分權」、綜合行政與生活本位的「地方政府」、強化自治立法權的地方議會改革、賦予國政參與權的「地方自治保障院」等（田村秀，2004；西尾勝，2006: 98-100；陳建仁，2007）。事實上，日本在世紀之交得以進行分權改革，並非單純僅是政治經濟的壓力促成，若無日本近百年的地方自治與地方分權相關學術研究的積累勤耕與持續推廣，則亦難以推動發展。正如同民主並非靜止狀態而是永無止境的進步般，作為民主改革一環的地方分權改革，同樣是永無終點的航行。

表 8-2　地方分權改革的動向

区分	年	主な動き	検討
		・政府「地域主権戦略大綱」(H22.6.22)	地域主権戦略会議
		・政府「地方分権改革推進計画」(H21.12.15) ・政府「地域主権戦略会議」設置(H21.11.17) ・地方分権改革推進委員会「第4次勧告」(H21.11.9) ・地方分権改革推進委員会「第3次勧告」(H21.10.7) ・政府・地方分権改革推進本部「出先機関改革に係る工程表」(H21.3.24)	
第二期地方分権改革	平成20年	・地方分権改革推進委員会「第2次勧告」(H20.12.8) ・政府・地方分権改革推進本部「地方分権改革推進要綱(第1次)」(H20.6.20) ・地方分権改革推進委員会「第1次勧告」(H20.5.28)	地方分権改革推進委員会
		・政府「地方分権改革推進本部」設置(H19.5.29) ・地方分権改革推進委員会発足(H19.4.1)	
		・地方分権改革推進法成立(H18.12.8)	地方分権21世紀ビジョン懇談会／新地方分権構想検討委員会
		・政府・与党合意「三位一体の改革について」(H17.11.30) ・地方六団体「国庫補助負担金等に関する改革案(2)」(H17.7.20)	国と地方の協議の場
		・政府・与党合意「三位一体の改革について」(H16.11.26) ・地方六団体「国庫補助負担金等に関する改革案」(H16.8.24) ・地方分権改革推進会議「地方公共団体の行財政改革の推進等行政体制の整備についての意見」(H16.5.12)	
第一次地方分権改革後から三位一体の改革		・地方分権改革推進会議「三位一体の改革についての意見」(H15.6.6)	地方分権改革推進会議
	平成15年	・地方分権改革推進会議「事務・事業の在り方に関する意見」(H14.10.30)	
		・地方分権改革推進会議発足(H13.7.3) ・地方分権推進委員会「最終報告」(H13.6.14)	
		・地方分権一括法施行(H12.4.1)	
		・地方分権一括法成立(H11.7.8) ・政府「第2次地方分権推進計画」(H11.3.26)	
		・地方分権推進委員会「第5次勧告」(H10.11.19) ・政府「地方分権推進計画」(H10.5.29)	地方分権推進委員会
地方分権の推進に関する決議から第一次地方分権改革	平成10年	・地方分権推進委員会「第4次勧告」(H9.10.9) ・地方分権推進委員会「第3次勧告」(H9.9.2) ・地方分権推進委員会「第2次勧告」(H9.7.8)	
		・地方分権推進委員会「第1次勧告」(H8.12.20)	
		・地方分権推進委員会発足(H7.7.3) ・地方分権推進法成立(H7.5.15)	
		・地方六団体「地方分権の推進に関する意見書」(H6.9.26)	
	平成5年	・地方分権推進に関する決議(H5.6.3)(H5.6.4)	

資料來源:(地方分権改革推進本部地方自治確立対策協議会，2010)

第二節　日本經驗的啟示

傳統上，單一制國家（特別是大陸法系）的中央集權性格，致使中央與地方並不存在真正意義的對等協力的夥伴關係。然而，隨著近年來小而能政府、地方優先、公民治理、以及草根民主思潮的影響，單一制民主國家莫不致力於地方分權改革與權力下放政策之推動，致使地方分權不再是聯邦制國家的專屬品。世界民主諸國的地方分權改革，最初的政治目標或許是行政效率的提升與財政赤字的減緩，然最後的終點卻是民主體制的深化。唯有真正地建立對等協力的夥伴關係，中央政府與地方自治體方能真正地彼此尊重互惠與輔助扶持，從而建構由下而上的民主社會。

相較於日本，台灣幾乎不存在地方分權的風土，相反地對中央集權的崇拜卻存在台灣每一個角落。面對全球在地化與自由民主化的世界風潮，台灣倘若無法擺脫中央集權統治的歷史慣性制約，則中央支配體制所產生的僵硬化與肥大化將會日趨嚴重，在官治與集權的雙重影響下，民主發展將隨之受到戕害。如何從中央集權的引力圈中脫離，繼而落實地方分權型地方自治、擴大授權地方政府的治理能力、以及建構對等的中央與地方關係，實係台灣未來民主深化之最大課題（趙永茂，2009: 58）。透過日本地方分權改革經驗之探討，本研究認為對台灣未來改革的啟示如次：

（一）廢除多層式事務分配方式。台灣與過去日本同樣地採用以概括授權為主的大陸法系國家事務分配方式，因而造成中央與地方的權責混淆不清。由此，中央得隨時指揮和監督地方，其結果是地方自治團體淪為國家派出機關，區分自治事項與委辦事項的意義頗低。而中央立法機關亦可不需顧慮地方的意願，以中央行政機關擬定的草案為基礎，制定凌駕地方自治權限之法律，並且直接將主管機關明訂為中央行政機關。更重要的問題是，由於中央與地方權限的界定模糊，導致地方支出受制於中央政策的變動，因而造成地方無法自主掌握支出而時有財政困窘之情況。

（二）廢除中央的積極自治監督權。學理上，中央對於委辦事項有適當性與適法性監督權，對於自治事項則僅有適法性監督權，然由於台灣自治事項與委辦事項不易區分，結果造成中央對於地方事務皆有適當性監督權。日本在廢除委任事務後所新設的法定受託事務亦無中央的積極「關與」權，此即中央對於所有地方事務僅有適法性的消極監督權，如此方能解決中央對地方的過度干預與控制，從而確立地方的自立自主。

（三）落實基礎自治體優先原則。地方自治是民主政治的礎石，由最貼近人民的基礎自治體優先處理公共事務，不僅可以培養從政者或人民的民主素養與自治能力，亦可建立人民對民主政治的自信心和參與感。這是日本極力健全市町村完整自治權限之原因。然反觀台灣，鄉鎮市長官派之呼籲不斷，其雖有解決鄉鎮市在自律與績效表現低落之正當性，然卻有因行政效率而斥民主政治之疑慮。

（四）重新分配中央與地方財源。面對中央集權又集錢的弊端，台灣在此議題上亦諸多討論與爭議，然卻一直無法落實地方財政自主。首先，日本的「三位一體改革」的經驗顯示，財源重分配的最大問題來自於中央行政官僚抵制與國家整體財政赤字，此亦為台灣可能面臨之難局。其次，若台灣以日本的稅源移讓政策為基礎進行改革時，行政區劃調整亦須同步進行，否則將容易造成小規模自治體的集體破產。最後，設若台灣僅進行中央對地方的權限與人事的鬆綁，並將中央的權限設定在最小的範圍，卻沒有進行財源重分配，則地方自治體將無力負荷膨脹的大量業務，反而有導致地方自治加速萎縮的危險，日本「新新中央集權」當為此之殷鑑。職是，當進行權限下放改革時，如無同時進行稅源移轉與行政區劃調整等配套措施，則容易陷入日本第二次地方分權改革困境。

（五）設置地方自治體的法定聯合組織。日本地方分權改革中最大的推動主力以地方六團體為最，地方六團體的功能不僅能夠促進各地方自治體彼此凝聚共識與交換情報，更能藉由合法向中央提案的方式形成壓力團體，而與中央在相較對等的基礎上協調。此外，由於國內目前府際之間的業務合作俱以行政機關為主，地方立法機關難以置喙，而日本地方六團體的立法與行政並重之模式，將更有益於地方民主之發展。

（六）重視地方自治體的國政參與權。相較於聯邦制國家，由於單一制國家重視行政一體與科層體制，向來輕視地方自治體的國政參與權，因而團體自治容易受到外力干預。然而，團體自治的闕如將可能造成地方自治的空洞化，從而破壞民主穩定，甚至導致民主逆流。為了有效地保障地方自治體的權限與地位，日本學者即主張，在建構地域主權國家的同時，亦應仿照聯邦制國家的參議會模式，設置「地方自治保障院」（西尾勝，2006: 98-100；2007: 162-165）。而台灣學者亦認為，為了周延中央立法與完善地方自治，以及調和國家利益與地方利益，台灣的國政參與權之建構已成為當前之急務。（張正修，2003b: 310-311；蔡茂寅，2006: 76-77）

從日本的經驗顯示，地方分權改革是一場長期浩大的「國造工程」。其不僅需要中央與地方層級的立法與行政部門的共同合作，亦需要民間產業與第三部門的支持與配合。政治制度改革本身的結果固然重要，然更重要的癥結點在於推動改革過程中所培養的政治文化。毋庸置疑地，民主國家的政治改革，不僅其目的應符合民主精神，其過程亦應符合民主精神，從而厚植國家與社會整體的民主文化。或者，此係日本國家與社會從中央支配轉向地方自主的最大意外收穫。

參考書目

【英文文獻】

Almond, G. (1956). Comparative Political Systems. *Journal of Politics*, 18, 391-409.

Arthur, W. B. (1994). *Increasing returns and path dependence in the economy*, Ann Arbor: University of Michigan Press.

Besette, J. M. (1994). The Mild Voice of Reason: Deliberative Democracy and American National Government. Chicago: Chicago University Press.

Calder, K. & Ye, M. (2004). Regionalism and Critical Junctures: Explaining the "Organization Gap" in Northeast Asia. *Journal of East Asian Studies*, 4, 191–226.

Collier, R. B., & Collier, David. (1991). Shaping the political arena: Critical junctures, the labor movement, and regime dynamics in Latin America. Princeton: Princeton University Press.

Commission on Global Governance (1995). *Our Global Neighborhood*. Oxford University Press, from http://sovereignty.net/p/gov/ogn-front.html .

Committee of the Regions (2009). *The Committee of The Regions' White Paper on Multilevel Governance*. Brussels: Committee of the Regions of the European Union.

Council of Europe (1985). *European Charter of Local Self-Government*, from http://conventions.coe.int/Treaty/EN/Treaties/Html/122.htm .

Dubois, H. F. W. & Fattore, G. (2009). Definitions and Typologies in Public Administration Research: The Case of Decentralization. *International Journal of Public Administration*, 32(8), 704-727.

Easton, D. (1969). The New Revolution in Political Science, The American Political Science Review. 63(4), 1051-1061.

Goetz, E. G. (1993). The New Localism from a Cross-National Perspective, in Goetz, E. G. & Clarke, S. E., eds.. *The New Localism: Comparative Urban Politics in a Global Era*, Newbury Park: Sage Publications, 199-220.

Gutmann, A. & Thompson, D. (1996). *Democracy and Disagreement.* Cambridge, MA: Belknap Press of Harvard University Press.

Habermas, J. (1996). *Between Facts and Norms: Contributions to a Discourse Theory of Law and Democracy.* Cambridge, UK: Cambridge University Press.

Hall, P. A. & Taylor, R. C. R. (1996). Political Science and the Three New Institutionalisms. *Political Studies*. 44, 936-957.

Held, D. (1987). *Models of Democracy*. Stanford, CA: Stanford University Press.

Huntington, S. P. (1968). *Political Order in Changing Societies.* New Haven: Yale University Press.

Huntington, S. P. (1971). The Change to Change: Modernization, Development and Politics. *Comparative Politics*.

Kelsen, H. (1949). *General Theory of Law and State*. Cambridge, MA: Harvard University Press.

Kooiman, J. (2002). Governance: a Social-Political Perspective, in Jügen R. Grote. & Bernhard Gbikpi., eds.. *Participatory Governance, Political and Societal Implications.* Opladen: Leske+budrich, 71-76.

Krasner, S. D. (1984) Approaches to the State: Alternative Conceptions and Historical Dynamics. *Comparative politics*. 16(1), 223-246.

Lowndes, V. (2010). The Institutional Approach. In David Marsh and Gerry Stoker eds. *Theory and Methods in Political Science*. Basingstoke: Palgrave Macmillan *(3rd ed.)*. 60-79.

Macpherson, C. B. (1977). *The Life and Times of Liberal Democracy.* Oxford: Oxford University Press.

March, J. G. & Olsen, J. P. (1984). The New Institutionalism: Organizational Factors in Political Life. *The American Political Science Review*. 78(3), 734-749.

March, J. G. & Olsen, J. P. (1989). *Rediscovering Institutions: The Organizational Basis of Politics*. New York: The Free Press.

McClosky, H. (1968). Political Participation. *International Encyclopedia of the Social Sciences, 12,* 252-265.

Nørgaard, A. S. (1996). Rediscovering Reasonable Rationality in Institutional Analysis. *European Journal of Political Research. 29,* 31-57.

Pateman, C. (1979). *The Problem of Political Obligation: a Critical Analysis of Liberal Theory.* Chichester, New York: Wiley.

Peterson, J. (1994). Subsidiarity: A Definition to Suit Any Vision?. *Parliamentary Affairs*, 47(1), 116-132.

Pierson, P. & Skocpol, T. (2002). Historical Institutionalism in Contemporary Political Science, in Ira Katznelson & Helen V. Milner eds., *Political Science: State of the Discipline*. New York: W.W. Norton. 693-721.

Pope Leo XIII. (1891). *Rerum Novarum: Encyclical of Pope Leo XIII on Capital and Labor.* http://www.vatican.va/holy_father/leo_xiii/encyclicals/documents/hf_l-xiii_enc_15051891_rerum-novarum_en.html . （2010 年 11 月 15 日瀏覽）

Puffert, D. J. (2000). The Standardization of Track Gauge on North American Railways, 1830-1890. *The Journal of Economic History,* 60(4), 933-960.

Rhodes, R. A. W. (1981). *Control and Power in Centre-Local Government Relations*. Franborough: Grower/SSRC.

Rhodes, R. A. W. (1999). *Control and Power in Centre-Local Government Relations (2nd ed.).* Surrey: Ashgate.

Rosenau, J. N. & Czempiel, Ernst-Otto., eds. (1992). *Governance without Government: Order and Change in World Politics*. Cambridge: Cambridge University Press.

Roskin, M., et al. (2008). *Political Science: An Introduction (10th ed.)*. NJ: Prentice Hall.

Samuels, R. J. (1987). The Business of the Japanese State: Energy Markets in Comparative and Historical Perspective. Ithaca: Cornell University Press.

Scharpf, F. W. (1997). *Games Real Actors Play: Actor-centered Institutionalism in Policy Research*. Boulder, CO: Westview.

Shoup, C. S. (1949). *Report on Japanese Taxation by the Shoup Mission*, http://homepage1.nifty.com/kybs/shoup/shoup00.html .（2008 年 12 月 19 日瀏覽）

Skocpol, T., et al. ed. (1985). *Bringing the State Back In*. Cambridge: Cambridge University Press.

Thelen, K. & Steinmo, S. (1992). Historical Institutionalism in Comparative Politics, in Seven Steinmo, et al. ed., *Structuring Politics: Historical Institutionalism in Comparative Analysis*, Cambridge: Cambridge University Press. 1-32.

Tocqueville, A. (1993). *Democracy in America*. Translated by G. Lawrence. Chicago: Encyclopaedia Britannica, 4th printing.

Tullock, G., et al. (2002). *Government Failure: A Primer in Public Choice*. Washington, DC: Cato Institute.

Verba, S. & Nie, N. H. (1972). *Participation in America.* New York: Harper & Row.

【日文文獻】

Badie, B. & Birnbaum, P., 小山勉訳, 1990,《国家の歴史社会学》, 東京：日本経済評論社。

Dahl, R. A. & Tufte, E. R., 内山秀夫訳, 1973,《規模とデモクラシー》, 東京：慶応通信。

Lijphart, A.，粕谷祐子訳，2005,《民主主義対民主主義——多数決型とコンセンサス型の 36 ヶ国比較研究》，東京：勁草書房。

安江則子,2007,《欧州公共圏 EU デモクラシーの制度デザイン》，慶應義塾大学出版会。

安世舟，2001，〈戦後日独政治体制比較研究試論—ドイツ政治を座標にして見た日本政治の特徴〉,《大東法学第十巻特別号》通號第 36 號：279-359，大東文化大学法政学会。

伊藤正巳，1990,《憲法（新版)》，東京：弘文堂。

伊藤祐一郎，2003,《最新地方自治法講座　総則》，東京：ぎょうせい。

依田熹家，1993,《日中両国近代化の比較研究序說》，東京：龍渓書舎，再增補版。

井上光貞等，1993,《新詳說日本史》，東京：山川出版社。

磯村英一、星野光男編，1990,《地方自治読本》，東京：東洋経済新報社，六版。

塩野宏，1995,〈国と地方公共団体との関係のあり方〉,《ジュリスト》，第 1074 号：28-35。

塩野宏，2001,《行政法Ⅲ　行政組織法》，東京：有斐閣，二版。

横道清孝編，2004,《地方制度改革》，東京：ぎょうせい。

加藤秀治郎，2005,《政治学》，東京：芦書房。

河合敦，1997，《早わかり日本史》，東京：日本実業出版社。

岩崎正洋，2009，〈民主主義とガバナンスの相克（草稿）〉，「2009年度日本政治学会研究大会」。

岩崎正洋編，2005，《ガバナンスの課題》，神奈川県：東海大学出版会。

岩崎美紀子，2005，〈道州制の展望〉，《月刊　自治フォーラム》，3月号：2-3。

菊池信輝，1998，〈官僚神話の源流を追う〉，別冊宝島《官僚くんが行く》，東京：宝島社。

久世公堯，2005，《地方自治制度》，東京：学陽書房，第六次改訂版。

牛山久仁彦編，2003，《広域行政と自治体経営》，東京：ぎょうせい。

原口清，1968，《日本近代国家の形成》，東京：岩波書店。

原田久，2003，〈市町村合併の現状と展望〉，中川義朗編，《21世紀の地方自治を考える——法と政策の視点から》，東京：法律文化社。

原田尚彦，2003，《地方自治の法としくみ》，東京：学陽書房，新版。

原野翹，1999，《現代行政法と地方自治》，東京：法律文化社。

御厨貴，1988，〈日本政治における地方利益論の再検討〉，《レヴァイアサン》，2号，141-151。

江藤俊昭，2006，《自治を担う議会改革——住民と歩む協働型議会の実現》，東京：イマジン。

溝口雄三，1995，《中国の公と私》，東京：研文出版。

今川晃編，2003，《自治体の創造と市町村合併——合併論議の流れを変える七つの提言》，東京：第一法規。

山口二郎，1998，《イギリスの政治　日本の政治》，東京：筑摩。

山田公平，1991，《近代日本の国民国家と地方自治——比較史研究》，名古屋：名古屋大学出版会。

山田公平，2002，〈市町村合併の歴史的考察〉，室井力編，《現代自治体再編論——市町村合併を超えて》，東京：日本評論社。

山本啓編，2008，《ローカル・ガバメントとローカル・ガバナンス》，東京：法政大学出版局。

市町村自治研究会編，2003a，《逐条解説　市町村合併特例法（改訂版）》，東京：ぎょうせい。

市町村自治研究會編，2003b，《全國市町村要覧（平成15年度版）》，東京：第一法規。

鹿谷雄一，2001，〈住民投票と市町村合併〉，《大東法政論集》，第9号。

鹿谷雄一，2002，〈住民投票〉，本田弘、下條美智彥編，《地方分権下の地方自治》，東京：公人社。

室井力編，2002，《現代自治体再編論——「市町村合併」を超えて》，東京：日本評論社。

篠原一、西尾勝，1983，〈(対談) 新新中央集権とは何か〉，《地方自治通信》，第165号。

社会経済生產性本部総合企画部，2001，《住民参加有識者会議報告書　地方分権と住民参加を考える——住民投票の論点をめぐって》，東京：社会経済生產性本部。

社会経済生產性本部総合企画部，2002，《住民参加有識者会議報告書　住民投票制度化への論点と課題》，東京：社会経済生產性本部。

社会経済生產性本部総合企画部，2003，《住民参加有識者会議報告書　地方議会と住民参加——これからの地方自治体のあり方をめぐって》，東京：社会経済生產性本部。

秋月謙吾，2001，《行政　地方自治》，東京：東京大学出版会。

小早川光郎等編，1999，《史料　日本の地方自治第2巻　現代地方自治制度の確立》，東京：学陽書房。

小滝敏之，2004，《アメリカの地方自治》，東京：第一法規。

小林良彰等，2008，《地方分権時代の市民社会》，東京：慶応義塾大学出版会。

松下圭一，1991，《政策型思考と政治》，東京：東京大学出版会。

松下圭一，1995，《現代政治の基礎理論》，東京：東京大学出版会。

松下圭一，1999，《自治体は変わるか》，東京：岩波。

松下圭一，2003，〈第 2 回『沖縄の自治の新たな可能性』——自治体再構築の起点と構想〉，仲地博等，《自治基本条例の比較的・理論的・実践的総合研究　報告書 No4：沖縄の自治の新たな可能性　自治研究講座》，琉球：琉球大学。

松下圭一，2005，《自治体再構築》，東京：公人の友社。

沼田良，1994，《地方分権改革——市民の政府を設計する》，東京：公人社。

上條末夫編，2005，《ガバナンス》，東京：北樹出版。

新川達郎，2003，〈日本における分権改革の成果と限界〉，山口二郎等編，《グローバル化時代の地方ガバナンス》，東京：岩波，149-183。

新藤宗幸、安部斉，2006，《概説　日本の地方自治》，東京：東京大学出版会，二版。

新藤宗幸，2002，《地方分権》，東京：岩波書店，二版。

森田朗等編，2003，《分権と自治のデザイン——ガバナンスの公共空間》，東京：有斐閣。

森田朗等編，2008，《地方分権の動態》，東京：東京大学出版会。

森田朗編，2000，《分権改革と自治体》，東京：東京法令出版。

真渕勝，1998，〈市町村合併——ドミノ、効率、民主主義〉，《都市問題研究》，第 570 号。

神一行，1990，《自治官僚》，東京：講談社。

神野直彦編，2006，《三位一体改革と地方税財政——到達点と今後の課題》，東京：学陽書房。

西尾勝，1988，《行政学》，東京：放送大学教育振興会。

西尾勝，1997，〈第一次勧告「分権型社会の創造」の提出を終えて〉，《ぎょうせい》，第 591 号。

西尾勝，1999，《分権型社会を創る I》，東京：ぎょうせい。

西尾勝，2000，《行政の活動》，東京：有斐閣。

西尾勝，2006，《分権改革と政治改革〜自分史として》，東京：公人の友社。

西尾勝，2007，《地方分権改革》，東京：東京大学出版会。

西尾勝編，2005，《自治体デモクラシー改革——住民．首長．議会》，東京：ぎょうせい。

全国革新市長会編，1990，《資料　革新自治体》，東京：日本評論社。

足立啓二，1998，《専制国家史論——中国史から世界史へ》，東京：柏書房。

村松岐夫，1994，《日本の行政——活動型官僚制の変貌》，東京：中公新書。

村松岐夫，2001，《行政学教科書——現代行政の政治分析》，東京：有斐閣，二版。

村松岐夫編，2006，《テキストブック地方自治》，東京：東洋経済新報社。

村上博，2002，〈広域行政と地域間連携〉，室井力編，《現代自治体再編論——市町村合併を超えて》，東京：日本評論社，161-181。

村上博等編，1999，《広域連合と一部事務組合——広域行政でどうなる市町村》，東京：自治体研究社。

大森彌，2003，〈市町村の再編と基礎的自治体論〉，《自治研究》，第 79 巻第 12 号。

大杉洋，1997，〈なぜ，住民投票なのか〉，横田清編，《住民投票 I——なぜ，それが必要なのか》，東京：公人社。

大津透等，2010，《新日本史　改訂版》，東京：山川出版社。

大塚祚保，2002，〈市町村合併〉，本田弘、下條美智彦編，《地方分権下の地方自治》，東京：公人社。

大東文化大学国際比較政治研究所編，2001，《政治学へのアプローチ》，東京：有信堂。

大和田一紘，1999，〈一部事務組合の実態と民主化への課題〉，村上博等編,《広域連合と一部事務組合——広域行政でどうなる市町村》，東京：自治体研究社，115-167。

第28次地方制度調查会,2006,〈道州制のあり方に関する答申〉。http://www.soumu.go.jp/c-gyousei/dousyusei/index.html .

地方自治制度研究会編，2007，《道州制ハンドブック》，東京：ぎょうせい，三版。

地方分権改革推進本部地方自治確立対策協議会，2010，〈第二期地方分権改革までの分権改革の動き〉，http://www.bunken.nga.gr.jp/trend/ugoki.html .（2010年10月31日瀏覽）

地方分権推進委員会，2000，《地方分権推進委員会最終報告——分権型社会の創造：その道筋》。http://www8.cao.go.jp/bunken/bunken-iinkai/saisyu/ .

地方分権推進委員会事務局網頁。http://www8.cao.go.jp/bunken/bunken-iinkai/bunken.html .（2010年10月19日瀏覽）

地方分権推進本部，2000，《スタート！地方分権—うるおいと真の豊かさを実感できる地域づくりに向けて—》，東京：地方分権推進本部。

地方六団体，2008，《地方分権改革推進委員会の第一次勧告に盛り込むべき事項》。http://www.nga.gr.jp/news/2008_5_x24.pdf .（2008年12月19日瀏覽）

中西啓之,2004,《市町村合併——まちの将来は住民がきめる》,東京：自治体研究社。

中川義朗編,2003,《21世紀の地方自治を考える——法と政策の視点から》,東京：法律文化社。

辻山幸宣,1994,《地方分権と自治体連合》,東京：敬文堂。

辻山幸宣,2001,〈住民表決の意義と今日的問題点——市町村合併への住民投票制度の法定化をめぐって〉,《自治総研》,第276号。

辻山幸宣編,2006,《新しい自治のしくみづくり》,東京：ぎょうせい。

辻清明,1969,《日本官僚制の研究》,東京：東京大学出版会,新版。

田村秀,2004,《道州制　連邦制——これまでの議論　これからの展望》,東京：ぎょうせい。

田中嘉彦等,2006,〈諸外国における地方分権改革——欧州主要国の憲法改正事例〉,国立国会図書館調査及び立法考査局編,《地方再生ー分権と自律による個性豊かな社会の創造》,東京:国立国会図書館調査及び立法考査局,81-105。

田中浩,2000,《日本リベラリズムの系譜　福沢諭吉・長谷川如是閑・丸山真男》,東京：朝日新聞社。

田嶋義介,2004,《自治体が地方政府になる——分権論》,東京：公人の友社。

渡名喜庸安，2002，〈自治体の広域再編の論理と問題点〉，室井力編，《現代自治体再編論——市町村合併を超えて》，東京：日本評論社，40-61。

土岐寛等，2003，《地方自治と政策展開》，東京：北樹。

島田恵司，2007，《地方分権の地平》，東京：コモンズ。

東田親司，2006，《改革の論点——実践的行政改革論》，東京：芦書房。

道州制.com 編，2007，《道州制で日はまた昇るか——地方分権から市民主権へ》，東京：現代人文社。

内閣府，2010，《内閣府地方分権改革推進委員会委員・専門委員名簿》。
http://www.cao.go.jp/bunken-kaikaku/iinkai/meibo.html .（2010 年 10 月 31 日瀏覽）

日本経済新聞社編，2001，《検証バブル 犯意なき過ち》，東京：日経ビジネス人文庫。

白藤博行等編，2004，《地方自治制度改革論——自治体再編論と自治権保障》，東京：自治体研究社。

鳩山由紀夫，2009，〈私の政治哲学〉，眾議院議員鳩山由紀夫ホームページ，
http://www.hatoyama.gr.jp/masscomm/090810.html .（2010 年 10 月 31 日瀏覽）

並河信乃，1997，《図解　行政改革のしくみ》，東京：東洋経済新報社。

保母武彦，2002，《市町村合併と地域のゆくえ》，東京：岩波書店。

保母武彦，2003，〈分権に反する強制合併〉，木佐茂男、五十嵐敬喜、保母武彦編，《分権の光　集権の影——続・地方分権の本流へ》，東京：日本評論社。

北川雅敏，2003，〈地方分権と「市町村合併」〉，《レヴァイアサン》，第33号。

本田弘等編，2002，《地方分権下の地方自治》，東京：公人社。

妹尾克敏，2004，《地方自治法の解説——一括法に対応》，東京：一橋，七訂版。

網野光明，2006，〈地方分権改革と自治立法権・市町村合併〉，国立国会図書館調査及び立法考査局編，《地方再生一分権と自律による個性豊かな社会の創造》，東京：国立国会図書館調査及び立法考査局，19-32。

木佐茂男等編，2003，《分権の光　集権の影——続・地方分権の本流へ》，東京：日本評論社。

門倉貴史，2008，《官製不況 なぜ「日本売り」が進むのか》，東京：光文社。

野口暢子，2003，〈2001年以降の住民投票〉，森田朗、村上順編，《住民投票が拓く自治——諸外国の制度と日本の現状》，東京：公人社。

柳春生，1966，〈マルクス「ゴーター綱領批判」における国家死滅の観念について〉，《法政研究》，第 33 巻第 2 号，157-189。

老川祥一編，2005，《よくわかる地方自治のしくみと役割》，東京：法学書院，二版。

廣田全男，2004，〈ヨーロッパ地方自治憲章と世界地方自治憲章草案－その意義・内容と各国の対応〉，《平成 15 年度比較地方自治研究会調査研究報告書　世界地方自治憲章と各国の対応》，東京：比較地方自治研究会　財団法人自治体国際化協会。

總務省，2010a，《国地方係争処理委員会》。http://www.soumu.go.jp/singi/iinkai/index.html .（2010 年 10 月 19 日瀏覽）

總務省，2010b，《道州制》。http://www.soumu.go.jp/main_sosiki/jichi_gyousei/c-gyousei/dousyusei/index.html .（2010 年 10 月 19 日瀏覽）

總務省，2010c，《広域行政・市町村合併》。http://www.soumu.go.jp/kouiki/kouiki.html .（2010 年 11 月 1 日瀏覽）

【中文文獻】

Cardinal Renato Raffaele Martino，黃美基譯，2007，〈教會社會訓導的本質〉。http://www.catholic.org.tw/caritas/news40.htm .（2010 年 11 月 15 日瀏覽）

中央廣播電台，2009，〈縣市整併升格　廖了以：鄉鎮市區整併以 100 到 150 為目標〉。http://news.rti.org.tw/index_MailFW.aspx?nid=204453 .

中村元，林太等譯，1999，《東方民族的思維方法　下冊》，台北：淑馨。

王玉葉，2000，〈歐洲聯盟之輔助原則〉，《歐美研究》，第 30 卷第 2 期，1-30。

江宜樺，2001，《自由民主的理路》，台北：聯經。

宋興洲，2007，〈地方治理的迷思〉，陳陽德等編，《地方民主與治理——陳陽德教授榮退紀念論文集》，台北：時英，345-354。

林紀東，1993，《中華民國憲法逐條釋意（四）》，台北：三民，六版。

紀俊臣，2004，《地方政府與地方制度法》，台北：時英。

孫本初、鍾京佑，2007，〈從地方政府到地方治理：網絡治理之分析〉，陳陽德等編，《地方民主與治理——陳陽德教授榮退紀念論文集》，台北：時英，367-390。

高永光，2002，〈550 號解釋解決了中央與地方的衝突嗎？〉，《國政評論》。http://old.npf.org.tw/PUBLICATION/CL/091/CL-C-091-406.htm .

張正修，2003a，《地方制度法理論與實用 1》，台北：學林，二版。

張正修，2003b，《地方制度法理論與實用 2》，台北：學林，二版。

張明貴，2002，《政治學——政府與政治》，台北：五南。

許志雄，1993，《憲法之基礎理論》，台北：稻禾。

許琇媛，2005，〈歐盟憲法條約探討歐盟與會員國間之權限劃分〉，《歐洲國際評論》，第 1 期，65-102。

陳建仁，2005，〈從地方自由到民主鞏固——托克維爾的地方分權論對台灣地方制度改革的省思〉，佛光人文社會學院公共事務學系第四屆「地方發展策略」研討會。

陳建仁，2007，〈中央集權政府的地方分權化進程之探討——從日本經驗審視台灣改革方向〉，陳陽德等編，《地方民主與治理——陳陽德教授榮退紀念論文集》，台北：時英，571-593。

陳建仁、陳宏杰, 2010,〈台灣地方立法機關之行政監督權初探〉，中華大學行政管理學系，《中華行政學報》，第 7 期，197-207。

陳建仁、鹿谷雄一，2006 年，〈日本地方自治體合併過程中住民投票的作用〉，《中華行政學報》，第 3 期，217-235。

陳淳斌，2007，〈地方議會的立法控制與監督：嘉義市第六屆議會的個案分析〉，《空大行政學報》，第 18 期，63-104。

陳陽德、紀俊臣編，2007，《地方民主與治理》，台北：時英。

黃仁宇，1993，《中國大歷史》，台北：聯經。

楊鈞池，2004，《從派閥均衡到官邸主導——1990 年代日本政治體制改革之分析》，台北：翰蘆。

鄒文海，1989，《各國政府及政治》，台北：正中書局。

趙永茂，2003，〈台灣府際關係與跨域管理：文獻回顧與策略途徑初探〉，《政治科學論叢》，第 18 期，53-70。

趙永茂，2009，〈我國地方制度的改造工程〉，《研考雙月刊》，第 33 卷第 4 期，44-59。

蔡茂寅，2006，《地方自治之理論與地方制度法》，台北：新學林，增補版。

蔡增家，2007，《誰統治日本？——經濟轉型之非正式制度分析》，台北：巨流。

賴建誠，2008，《西洋經濟史的趣味》，台北：允晨文化。

薄慶玖，2001，《地方政府與自治》，台北：五南，五版。

附錄一：

European Charter of Local Self-Government

Preamble

The member States of the Council of Europe, signatory hereto,

Considering that the aim of the Council of Europe is to achieve a greater unity between its members for the purpose of safeguarding and realising the ideals and principles which are their common heritage;

Considering that one of the methods by which this aim is to be achieved is through agreements in the administrative field;

Considering that the local authorities are one of the main foundations of any democratic regime;

Considering that the right of citizens to participate in the conduct of public affairs is one of the democratic principles that are shared by all member States of the Council of Europe;

Considering that it is at local level that this right can be most directly exercised;

Convinced that the existence of local authorities with real responsibilities can provide an administration which is both effective and close to the citizen;

Aware that the safeguarding and reinforcement of local self-government in the different European countries is an important contribution to the construction of a Europe based on the principles of democracy and the decentralisation of power;

Asserting that this entails the existence of local authorities endowed with democratically constituted decision-making bodies and possessing a wide degree of autonomy with regard to their responsibilities, the ways and means by which those responsibilities are exercised and the resources required for their fulfilment,

Have agreed as follows:

Article 1

The Parties undertake to consider themselves bound by the following articles in the manner and to the extent prescribed in Article 12 of this Charter.

Part I

Article 2 - Constitutional and legal foundation for local self-government

The principle of local self-government shall be recognised in domestic legislation, and where practicable in the constitution.

Article 3 - Concept of local self-government

1 Local self-government denotes the right and the ability of local authorities, within the limits of the law, to regulate and manage a substantial share of public affairs under their own responsibility and in the interests of the local population.

2 This right shall be exercised by councils or assemblies composed of members freely elected by secret ballot on the basis of direct, equal, universal suffrage, and which may possess executive organs responsible to them. This provision shall in no way affect recourse to assemblies of citizens, referendums or any other form of direct citizen participation where it is permitted by statute.

Article 4 - Scope of local self-government

1 The basic powers and responsibilities of local authorities shall be prescribed by the constitution or by statute. However, this provision shall not prevent the attribution to local authorities of powers and responsibilities for specific purposes in accordance with the law.

2 Local authorities shall, within the limits of the law, have full discretion to exercise their initiative with regard to any matter which is not excluded from their competence nor assigned to any other authority.

3 Public responsibilities shall generally be exercised, in preference, by those authorities which are closest to the citizen. Allocation of responsibility to another authority should weigh up the extent and nature of the task and requirements of efficiency and economy.

4 Powers given to local authorities shall normally be full and exclusive. They may not be undermined or limited by another, central or regional, authority except as provided for by the law.

5 Where powers are delegated to them by a central or regional authority, local authorities shall, insofar as possible, be allowed discretion in adapting their exercise to local conditions.

6 Local authorities shall be consulted, insofar as possible, in due time and in an appropriate way in the planning and decision-making processes for all matters which concern them directly.

Article 5 - Protection of local authority boundaries

Changes in local authority boundaries shall not be made without prior consultation of the local communities concerned, possibly by means of a referendum where this is permitted by statute.

Article 6 - Appropriate administrative structures and resources for the tasks of local authorities

1 Without prejudice to more general statutory provisions, local authorities shall be able to determine their own internal administrative structures in order to adapt them to local needs and ensure effective management.

2 The conditions of service of local government employees shall be such as to permit the recruitment of high-quality staff on the basis of merit and competence; to this end adequate training opportunities, remuneration and career prospects shall be provided.

Article 7 - Conditions under which responsibilities at local level are exercised

1 The conditions of office of local elected representatives shall provide for free exercise of their functions.

2 They shall allow for appropriate financial compensation for expenses incurred in the exercise of the office in question as well as, where appropriate, compensation for loss of earnings or remuneration for work done and corresponding social welfare protection.

3 Any functions and activities which are deemed incompatible with the holding of local elective office shall be determined by statute or fundamental legal principles.

Article 8 - Administrative supervision of local authorities' activities

1 Any administrative supervision of local authorities may only be exercised according to such procedures and in such cases as are provided for by the constitution or by statute.

2 Any administrative supervision of the activities of the local authorities shall normally aim only at ensuring compliance with the law and with constitutional principles. Administrative supervision may however be exercised with regard to expediency by higher-level authorities in respect of tasks the execution of which is delegated to local authorities.

3 Administrative supervision of local authorities shall be exercised in such a way as to ensure that the intervention of the controlling authority is kept in proportion to the importance of the interests which it is intended to protect.

Article 9 - Financial resources of local authorities

1 Local authorities shall be entitled, within national economic policy, to adequate financial resources of their own, of which they may dispose freely within the framework of their powers.

2 Local authorities' financial resources shall be commensurate with the responsibilities provided for by the constitution and the law.

3 Part at least of the financial resources of local authorities shall derive from local taxes and charges of which, within the limits of statute, they have the power to determine the rate.

4 The financial systems on which resources available to local authorities are based shall be of a sufficiently diversified and buoyant nature to enable them to keep pace as far as practically possible with the real evolution of the cost of carrying out their tasks.

5 The protection of financially weaker local authorities calls for the institution of financial equalisation procedures or equivalent measures which are designed to correct the effects of the unequal distribution of potential sources of finance and of the financial burden they must support. Such procedures or measures shall not diminish the discretion local authorities may exercise within their own sphere of responsibility.

6 Local authorities shall be consulted, in an appropriate manner, on the way in which redistributed resources are to be allocated to them.

7 As far as possible, grants to local authorities shall not be earmarked for the financing of specific projects. The provision of grants shall not remove the basic freedom of local authorities to exercise policy discretion within their own jurisdiction.

8 For the purpose of borrowing for capital investment, local authorities shall have access to the national capital market within the limits of the law.

Article 10 - Local authorities' right to associate

9 Local authorities shall be entitled, in exercising their powers, to co-operate and, within the framework of the law, to form consortia with other local authorities in order to carry out tasks of common interest.

10 The entitlement of local authorities to belong to an association for the protection and promotion of their common interests and to belong to an international association of local authorities shall be recognised in each State.

11 Local authorities shall be entitled, under such conditions as may be provided for by the law, to co-operate with their counterparts in other States.

Article 11 - Legal protection of local self-government

Local authorities shall have the right of recourse to a judicial remedy in order to secure free exercise of their powers and respect for such principles of local self-government as are enshrined in the constitution or domestic legislation.

Part II - Miscellaneous provisions

Article 12 - Undertakings

1 Each Party undertakes to consider itself bound by at least twenty paragraphs of Part I of the Charter, at least ten of which shall be selected from among the following paragraphs:

- Article 2,
- Article 3, paragraphs 1 and 2,
- Article 4, paragraphs 1, 2 and 4,
- Article 5,
- Article 7, paragraph 1,
- Article 8, paragraph 2,
- Article 9, paragraphs 1, 2 and 3,
- Article 10, paragraph 1,
- Article 11.

2 Each Contracting State, when depositing its instrument of ratification, acceptance or approval, shall notify to the Secretary General of the Council of Europe of the paragraphs selected in accordance with the provisions of paragraph 1 of this article.

3 Any Party may, at any later time, notify the Secretary General that it considers itself bound by any paragraphs of this Charter which it has not already accepted under the terms of paragraph 1 of this

article. Such undertakings subsequently given shall be deemed to be an integral part of the ratification, acceptance or approval of the Party so notifying, and shall have the same effect as from the first day of the month following the expiration of a period of three months after the date of the receipt of the notification by the Secretary General.

Article 13 - Authorities to which the Charter applies

The principles of local self-government contained in the present Charter apply to all the categories of local authorities existing within the territory of the Party. However, each Party may, when depositing its instrument of ratification, acceptance or approval, specify the categories of local or regional authorities to which it intends to confine the scope of the Charter or which it intends to exclude from its scope. It may also include further categories of local or regional authorities within the scope of the Charter by subsequent notification to the Secretary General of the Council of Europe.

Article 14 - Provision of information

Each Party shall forward to the Secretary General of the Council of Europe all relevant information concerning legislative provisions and other measures taken by it for the purposes of complying with the terms of this Charter.

Part III

Article 15 - Signature, ratification and entry into force

1 This Charter shall be open for signature by the member States of the Council of Europe. It is subject to ratification, acceptance or approval. Instruments of ratification, acceptance or approval shall be deposited with the Secretary General of the Council of Europe.

2 This Charter shall enter into force on the first day of the month following the expiration of a period of three months after the date on which four member States of the Council of Europe have expressed their consent to be bound by the Charter in accordance with the provisions of the preceding paragraph.

3 In respect of any member State which subsequently expresses its consent to be bound by it, the Charter shall enter into force on the first day of the month following the expiration of a period of three months after the date of the deposit of the instrument of ratification, acceptance or approval.

Article 16 - Territorial clause

1 Any State may, at the time of signature or when depositing its instrument of ratification, acceptance, approval or accession, specify the territory or territories to which this Charter shall apply.

2 Any State may at any later date, by a declaration addressed to the Secretary General of the Council of Europe, extend the application of this Charter to any other territory specified in the declaration. In respect of such territory the Charter shall enter into force on the first day of the month following the expiration of a period of three months after the date of receipt of such declaration by the Secretary General.

3 Any declaration made under the two preceding paragraphs may, in respect of any territory specified in such declaration, be withdrawn by a notification addressed to the Secretary General. The withdrawal shall become effective on the first day of the month following the expiration of a period of six months after the date of receipt of such notification by the Secretary General.

Article 17 - Denunciation

1 Any Party may denounce this Charter at any time after the expiration of a period of five years from the date on which the Charter entered into force for it. Six months' notice shall be given

to the Secretary General of the Council of Europe. Such denunciation shall not affect the validity of the Charter in respect of the other Parties provided that at all times there are not less than four such Parties.

2 Any Party may, in accordance with the provisions set out in the preceding paragraph, denounce any paragraph of Part I of the Charter accepted by it provided that the Party remains bound by the number and type of paragraphs stipulated in Article 12, paragraph 1. Any Party which, upon denouncing a paragraph, no longer meets the requirements of Article 12, paragraph 1, shall be considered as also having denounced the Charter itself.

Article 18 - Notifications

The Secretary General of the Council of Europe shall notify the member States of the Council of Europe of:

a any signature;

b the deposit of any instrument of ratification, acceptance or approval;

c any date of entry into force of this Charter in accordance with Article 15;

d any notification received in application of the provisions of Article 12, paragraphs 2 and 3;

e any notification received in application of the provisions of Article 13;

f any other act, notification or communication relating to this Charter.

In witness whereof the undersigned, being duly authorised thereto, have signed this Charter.

Done at Strasbourg, this 15th day of October 1985, in English and French, both texts being equally authentic, in a single copy which shall be deposited in the archives of the Council of Europe. The Secretary General of the Council of Europe shall transmit certified copies to each member State of the Council of Europe.

附錄二：
日本地方分權推進委員會最終報告第四章

第4章　分権改革の更なる飛躍を展望して

委員会が推進してきた今次の分権改革は、既に第1章で述べたように、第1次分権改革というべきものにとどまっている。この未完の分権改革をこれから更に完成に近づけていくためには、まだまだ数多くの改革課題が残っている。

これらを大きく分類すれば、以下の6項目に整理することができると考える。

I　地方財政秩序の再構築

まず第1に、地方財政秩序を分権型社会にふさわしい新しい姿に再構築することである。

分権型社会にふさわしい新しい地方財政秩序を再構築していくためには、今回の委員会の提言に示されている基本的な方向、すなわち、自己決定・自己責任の原理を地方税財政の領域にまで推し広げて地方公共団体の財政運営の自由度を高めるとともに、地域住民から見てもその受益と負担の関係が分かりやすい税財政構造に改めることをもって、改革の大方針としなければならない。

このためには、現行の国税と地方税の税源配分を改め、地方公共団体の自主財源である地方税収入を充実し、その反面で国からの財政移に依存した依存財源の規模をできるだけ縮減していかなければならない。その際、依存財源のなかでも、使途の特定された財源であるところの国庫補助負担金の縮減を優先し、ついで使途の特定されていない一般財源であるところの地方交付税の縮減を図る方途を探っていく必要がある。

地方公共団体は、自主財源である地方税収入についてその税率設定権を含む課税自主権を積極的に行使し、行政サービス水準と地域住民の地方税負担のバランスの当否を地域住民に問いかけていくべきである。わが国のこれまでの地方自治は、国の地方税法に定められた法定税をその標準税率で課税して得た地方税収入に、国から配分される地方交付税収入や国庫負担金収入、国に申請し交付を受けた国庫補助金収入などを追加した歳入の総額を、いかなる行政サービスに配分するかという「歳出の自治」にのみ専念してきた観があるが、これからの分権型社会の地方自治は、地域住民にどれだけの地方税負担を求めるのかという「歳入の自治」まで含むものでなければならない。

II　地方公共団体の事務に対する法令による義務付け　枠付け等の緩和

ついで第2に、地方分権を実現するには、ある事務事業を実施するかしないかの選択それ自体を地方公共団体の自主的な判断に委ねることこそが最も重要であるため、地方公共団体の事務に対する国の個別法令による義務付け、枠付け等を大幅に緩和していくことである。

第1次分権改革の主要な成果の一つは、国の通達等による関与を大幅に緩和したことであるが、国の法令等（法律　政令　省令　告示）による事務の義務付け、事務事業の執行方法や執行体制に対する枠付けの緩和については、ほとんど全く手付かずに終わっている。地方公共団体の事務を文字どおりそれらしいものに変えていくためには、国の個別法令による事務の義務付け、事務事業の執行方法や執行体制に対する枠付け等を大幅に緩和する必要がある。

また、自主財源である地方税収入をこれまで以上に充実確保したとしても、その反面で国からの依存財源が縮減され、しかも国による事務の義務付けは従前どおりに続くことになれば、地方税収入はこれをすべて国から義務付けられている事務の執行経費に充当せざるを得ないことになりかねない。これでは、地方公共団体には単独事業を行う余裕がなく、独自の個性的な自治体政策を展開することは不可能になる。

さらに、国からの依存財源を縮減する方策の一環として地方交付税の大幅な減額を行おうとすれば、義務的経費の縮減を図らなければならない。そのためには、これに先立って国の法令による事務の義務付けや事務事業の執行方法や執行体制に対する枠付け等を大幅に緩和することが不可欠である。それには、全国どこでも一律に最低限度確保されるべきナショナル　ミニマムとは何かを、個別行政サービスごとに厳しく見直す必要がある。その判断基準はその時代時代の社会状況によって変わり得るものであり、不断の見直しが求められるものだからである。

III　地方分権や市町村の合併の推進を踏まえた新たな地方自治の仕組みに関する検討

第3に、平成17年3月までの時限法である市町村の合併の特例に関する法律（昭和40年法律第6号）に基づいて進められている市町村合併の帰趨を慎重に見極めながら、道州制論、連邦制論、廃県置藩論など、現行の都道府県と市区町村の2層の地方公共団体からなる現行制度を改める観点から各方面においてなされている新たな地方自治制度に関する様々な提言の当否について、改めて検討を深めることである。

委員会は当初、地方分権推進法の制定以前の段階において隆盛を極めていたいわゆる「受け皿論」をこの際は一時棚上げにし、当面は現行の地方自治制度を前提にして、この体制の下で可能なかぎりの分権を推進することを基本方針としていた。地方分権推進法の制定に至るまでの論議の過程で、その旨の合意が関係者の間に概ね成立していたと理解していたためであった。

しかしながら、市町村合併については分権改革と同時並行して推進すべしとする声が各方面で高まるばかりであった。そこで委員会としては、第1次勧告を提出した時点、すなわち機関委任事務制度の全面廃止が政府内で合意が得られる見通しが立った時点で、市町村合併問題を地方行政体制の整備及び確立方策の重要な一環として調査審議のそ上に載せることとし、第2次勧告において市町村の自主的な合併の積極的な促進方策を勧告したところである。

これから平成17年3月までの間に市町村合併がどの程度まで

進捗するのかによるが、その帰趨によっては基礎的地方公共団体である市町村のあり方にとどまらず、広域的地方公共団体としての都道府県のあり方の見直しも視野に入れた先に述べたような新たな地方自治制度に関する様々な提言がより現実性を帯びてくる可能性がある。そして、分権改革が次の第２次分権改革から更に第３次分権改革へと発展する段階になれば、地方自治制度の将来像を明確にする必要に迫られるのではないか。

IV　事務事業の移譲

第４に、ヨーロッパ先進諸国に普及しつつある「補完性（subsidiarity）の原理」を参考にしながら、市区町村、都道府県、国の相互間の事務事業の分担関係を見直し、事務事業の移譲を更に推進することである。

すでに第１章で述べたように、第１次分権改革では事務事業の移譲方策の側面ではあまり大きな成果を上げられなかった。しかしながら、ヨーロッパ評議会が制定したヨーロッパ地方自治憲章や国際自治体連合（IULA）がその世界大会で決議した世界地方自治宣言では、事務事業を政府間で分担するに際しては、まず基礎自治体を最優先し、ついで広域自治体を優先し、国は広域自治体でも担うにふさわしくない事務事業のみを担うものとするという「補完性の原理」の考え方が謳われている。

わが国の事務事業の分担関係をこの「補完性の原理」に照らして再点検してみれば、国から都道府県へ、都道府県から市区町村へ移譲した方がふさわしい事務事業がまだまだ少なからず存在している一方、これまではともかく今後は、市区町村から都道府県へ、都道府県から国へ移譲した方が状況変化に適合している事務事業も存在しているのではないかと思われる。分権改革というと、事務事業の地域住民に身近なレベルへの移譲にのみ目を向けがちであるが、分権改革の真の目的は事務事業の分担関係を適正化することにあるのである。

V　制度規制の緩和と住民自治の拡充方策

第５に、住民自治の拡充方策として、地方公共団体の組織の形態に対する地方自治法等による画一的な制度規制をどの程度まで緩和することが妥当なのか、真剣に議論することである。

地方六団体から委員会に提出された改革要望事項のなかには、地方公共団体の組織の形態に関する画一的な制度規制の緩和を求めるような趣旨のものは皆無に近かった。委員会もまた、団体自治を拡充することこそ住民自治を拡充するための先決要件であると考えてきた。その結果、第１次分権改革では住民自治の拡充を直接の目的にした勧告事項はごく少数にとどまった。

しかしながら、最近は、地方自治基本法の制定を提唱する動きや地方公共団体で自治基本条例の制定をめざす動きが一部に現れ始めている。この種の動きのなかには、米国に見られる自治憲章制度（Home Rule Charter System）に類似した発想、すなわち、地方議会議員の選挙制度及び定数、地方議会と首長の権限関係、執行機関のあり方など地方公共団体の組織の形態やその他の住民自治の仕組みを自由に選択する権能を地方公共団体に与えるべきだとする発想が窺われる。

わが国の地方分権が更に進展した状況においては、地方自治法等による画一的な制度規制の緩和を求める声は次第に強まるのではないか。第３次分権改革では、おそらく、住民自治の拡充方策が最も中心的な検討課題になるのではないかと見込まれる。

VI 「地方自治の本旨」の具体化

最後に、憲法第８章第 92 条の「地方自治の本旨」の内容を具体化し、分権型社会の制度保障を確固たるものにする方策を構想することである。

憲法に第８章地方自治が新設されたことはまことに画期的なことであった。しかし、その限界面にも目を向けなければならない。何よりもまず、この第８章には第 92 条ないし第 95 条のわずか４か条しか設けられておらず、先のヨーロッパ地方自治憲章や世界地方自治宣言に定められている地方自治の諸原理に照らせば、そのごく一部しか定められていない。一例を挙げれば、この第８章には地方公共団体の税財政制度を規律する基本原則を定めた条項は皆無である。

しかも、その冒頭の第 92 条では、「地方公共団体の組織及び運営に関する事項は、地方自治の本旨に基いて、法律でこれを定める」とされていることから、地方自治制度の制度設計はあげて国会の立法に委ねられているかのような誤解を招きかねない。もとより、これは正しい憲法解釈ではあり得ないのであって、この条項の元来の主旨を生かすべく、「地方自治の本旨に基いて」を重視する憲法解釈がさまざまに積み重ねられてきた。そしてまた、このたびの地方分権推進一括法で改正された新地方自治法の第１条の２においては、国として、地方公共団体に関する制度の策定及び施策の実施に当たって、地方公共団体の自主性及び自立性が十分に発揮されるようにしなければならない旨を定め、また第２条第11項及び第12項においては、地方公共団体に関する法令の規定は、国と地方公共団体との適切な役割分担を踏まえるべき旨を定めるなど、いわゆる立法原則及び解釈 運用原則が新たに織り込まれ、「地方自治の本旨」の意味内容を豊かにする方向でそれなりの努力が払われてきている。

しかしながら、はたしてこれで万全なのであろうか。分権型社会の制度保障をより一層確固たるものにするには、この種の立法原則を更に一段と豊かに具体化していく必要があるのではないか。そうであれば、それはどのような立法形式によるべきなのであろうか。これこそ、将来の分権改革に託された究極の検討課題であろう。

附錄三：
地方分權推進法（1995年公布、2000年最後修訂）

地方分権推進法

（平成七年五月十九日法律第九十六号）

最終改正年月日：平成一二年五月一九日法律第七一号

第一章　総則（第一条—第三条）

第二章　地方分権の推進に関する基本方針（第四条—第七条）

第三章　地方分権推進計画（第八条）

第四章　地方分権推進委員会（第九条—第十七条）

附則

第一章　総則

（目的）

第一条　この法律は、国民がゆとりと豊かさを実感できる社会を実現することの緊要性にかんがみ、地方分権の推進について、基本理念並びに国及び地方公共団体の責務を明らかにするとともに、地方分権の推進に関する施策の基本となる事項を定め、並びに必要な体制を整備することにより、地方分権を総合的かつ計画的に推進することを目的とする。

（地方分権の推進に関する基本理念）

第二条　地方分権の推進は、国と地方公共団体とが共通の目的である国民福祉の増進に向かって相互に協力する関係にあることを踏まえつつ、各般の行政を展開する上で国及び地方公共団体が分担すべき役割を明確にし、地方公共団体の自主性及び自立性を高め、個性豊かで活力に満ちた地域社会の実現を図ることを基本として行われるものとする。

（国及び地方公共団体の責務）

第三条　国は、前条に定める地方分権の推進に関する基本理念にのっとり、地方分権の推進に関する施策を総合的に策定し、及びこれを実施する責務を有する。

2　地方公共団体は、国の地方分権の推進に関する施策の推進に呼応し、及び並行して、その行政運営の改善及び充実に係る施策を推進する責務を有する。

3　国及び地方公共団体は、地方分権の推進に伴い、国及び地方公共団体を通じた行政の簡素化及び効率化を推進する責務を有する。

第二章　地方分権の推進に関する基本方針

（国と地方公共団体との役割分担）

第四条　地方分権の推進は、国においては国際社会における国家としての存立にかかわる事務、全国的に統一して定めることが望ましい国民の諸活動若しくは地方自治に関する基本的な準則に関する事務又は全国的な規模で若しくは全国的な視点に立って行わなければならない施策及び事業の実施その他の国が本来果たすべき役割を重点的に担い、地方公共団体においては住民に身近な行政は住民に身近な地方公共団体において処理するとの観点から地域における行政の自主的かつ総合的な実施の役割を広く担うべきことを旨として、行われるものとする。

（地方分権の推進に関する国の施策）

第五条　国は、前条に定める国と地方公共団体との役割分担の在り方に即して、地方公共団体への権限の委譲を推進するとともに、地方公共団体に対する国の関与（地方公共団体又はその機関の事務の処理又は管理及び執行に関し、国の行政機関が、地方公共団体又はその機関に対し、許可、認可等の処分、届出の受理その他これらに類する一定の行為を行うことをいう。）、必置規制（国が、地方公共団体に対し、地方公共団体の行政機関若しくは施設、特別の資格若しくは職名を有する職員又は附属機関を設置しなければならないものとすることをいう。）、地方公共団体の執行機関が国の機関として行う事務及び地方公共団体に対する国の負担金、補助金等の支出金の地方自治の確立を図る観点からの整理及び合理化その他所要の措置を講ずるものとする。

（地方税財源の充実確保）

第六条　国は、地方公共団体が事務及び事業を自主的かつ自立的に執行できるよう、国と地方公共団体との役割分担に応じた地方税財源の充 確保を図るものとする。

（地方公共団体の行政体制の整備及び確立）

第七条 地方公共団体は、行政及び財政の改革を推進するとともに、行政の公正の確保と透明性の向上及び住民参加の充実のための措置その他の必要な措置を講ずることにより、地方分権の推進に応じた地方公共団体の行政体制の整備及び確立を図るものとする。

2 国は、前項の地方公共団体の行政体制の整備及び確立に資するため、地方公共団体に対し必要な支援を行うものとする。

第三章 地方分権推進計画

（地方分権推進計画）

第八条 政府は、地方分権の推進に関する施策の総合的かつ計画的な推進を図るため、前章に定める地方分権の推進に関する基本方針に即し、講ずべき必要な法制上又は財政上の措置その他の措置を定めた地方分権推進計画を作成しなければならない。

2 内閣総理大臣は、地方分権推進計画の案を作成し、閣議の決定を求めなければならない。

3 政府は、地方分権推進計画を作成したときは、これを国会に報告するとともに、その要旨を公表しなければならない。

第四章　地方分権推進委員会

（設置）

第九条　内閣府に、地方分権推進委員会（以下「委員会」という。）を置く。

（所掌事務）

第十条　委員会は、この法律に定める地方分権の推進に関する基本的事項について調査審議し、その結果に基づいて、第八条に定める地方分権推進計画の作成のための具体的な指針を内閣総理大臣に勧告する。

２　委員会は、地方分権推進計画に基づく施策の実施状況を監視し、その結果に基づき内閣総理大臣に必要な意見を述べる。

（国会への報告）

第十一条　内閣総理大臣は、前条第一項の勧告を受けたときは、これを国会に報告するものとする。

（組織）

第十二条　委員会は、委員七人をもって組織する。

（委員）

第十三条　委員は、優れた識見を有する者のうちから、両議院の同意を得て、内閣総理大臣が任命する。

２　前項の場合において、国会の閉会又は衆議院の解散のために両議院の同意を得ることができないときは、内閣総理大臣は、同項の規定にかかわらず、同項に定める資格を有する者のうちから、委員を任命することができる。

3　前項の場合においては、任命後最初の国会で両議院の事後の承認を得なければならない。この場合において、両議院の事後の承認が得られないときは、内閣総理大臣は、直ちにその委員を罷免しなければならない。

4　内閣総理大臣は、委員が破産の宣告を受け、又は禁錮以上の刑に処せられたときは、その委員を罷免しなければならない。

5　内閣総理大臣は、委員が心身の故障のため職務の執行ができないと認めるとき、又は委員に職務上の義務違反その他委員たるに適しない非行があると認めるときは、両議院の同意を得て、その委員を罷免することができる。

6　委員は、職務上知ることができた秘密を漏らしてはならない。その職を退いた後も同様とする。

7　委員は、非常勤とする。

（委員長）

第十四条　委員会に、委員長を置き、委員の互選によりこれを定める。

2　委員長は、会務を総理し、委員会を代表する。

3　委員長に事故があるときは、あらかじめその指名する委員が、その職務を代理する。

（資料の提出その他の協力等）

第十五条　委員会は、その所掌事務を遂行するため必要があると認めるときは、行政機関及び地方公共団体の長に対して、資料の提出、意見の開陳、説明その他の必要な協力を求めることができる。

２　委員会は、その所掌事務を遂行するため特に必要があると認めるときは、行政機関及び地方公共団体の業務の運営状況を調査し、又は委員にこれを調査させることができる。

３　委員会は、その所掌事務を遂行するため特に必要があると認めるときは、第一項に規定する者以外の者に対しても、必要な協力を依頼することができる。

（事務局）

第十六条　委員会の事務を処理させるため、委員会に事務局を置く。

２　事務局に、事務局長のほか、所要の職員を置く。

３　事務局長は、委員長の命を受けて、局務を掌理する。

（政令への委任）

第十七条　この法律に定めるもののほか、委員会に関し必要な事項は、政令で定める。

附則　抄

（施行期日）

１　この法律は、公布の日から起算して四月を超えない範囲内において政令で定める日から施行する。ただし、第十三条第一項中両議院の同意を得ることに関する部分は、公布の日から施行する。

（この法律の失効）

3　この法律は、附則第一項の政令で定める日から起算して六年を経過した日にその効力を失う。

附則　（平成一一年一二月八日法律第一五一号）　抄

（施行期日）

第一条

この法律は、平成十二年四月一日から施行する。

（経過措置）

第三条　民法の一部を改正する法律（平成十一年法律第百四十九号）附則第三条第三項の規定により従前の例によることとされる準禁治産者及びその保佐人に関するこの法律による改正規定の適用については、次に掲げる改正規定を除き、なお従前の例による。

一　第四条の規定による非訟事件手続法第百三十八条の改正規定

二　第七条中公証人法第十四条及び第十六条の改正規定

三　第十四条の規定による帝都高速度交通営団法第十四条ノ六の改正規定

四　第十七条の規定による私的独占の禁止及び公正取引の確保に関する法律第三十一条の改正規定

五　第二十条中国家公務員法第五条第三項の改正規定

六　第二十八条の規定による競馬法第二十三条の十三、日本中央競馬会法第十三条、原子力委員会及び原子力安全委員会設置法第五条第四項、科学技術会議設置法第七条第四項、宇宙開発委員会設置法第七条第四項、都市計画法第七十八条第四項、北方領土問題対策協会法第十一条、地価公示法第十五条第四項、航空事故調査委員会設置法第六条第四項及び国土利用計画法第三十九条第五項の改正規定

七　第三十一条中建設業法第二十五条の四の改正規定

八　第三十二条の規定による人権擁護委員法第七条第一項の改正規定

九　第三十三条の規定による犯罪者予防更生法第八条第一項の改正規定

十　第三十五条中労働組合法第十九条の四第一項及び第十九条の七第一項の改正規定

十一　第四十四条中公職選挙法第五条の二第四項の改正規定

十二　第五十条中建築基準法第八十条の二の改正規定

十三　第五十四条中地方税法第四百二十六条の改正規定

十四　第五十五条中商品取引所法第百四十一条第一項の改正規定

十五　第五十六条中地方公務員法第九条第三項及び第八項の改正規定

十六　第六十七条中土地収用法第五十四条の改正規定

十七　第七十条の規定によるユネスコ活動に関する法律第十一条第一項、公安審査委員会設置法第七条及び社会保険審査官及び社会保険審査会法第二十四条の改正規定

十八　第七十八条の規定による警察法第七条第四項及び第三十九条第二項の改正規定
十九　第八十条の規定による労働保険審査官及び労働保険審査会法第三十条、公害等調整委員会設置法第九条及び公害健康被害の補償等に関する法律第百十六条の改正規定
二十　第八十一条の規定による地方教育行政の組織及び運営に関する法律第四条第二項の改正規定
二十一　第八十四条の規定による農林漁業団体職員共済組合法第七十五条第一項の改正規定
二十二　第九十七条中公害紛争処理法第十六条第二項の改正規定
二十三　第百四条の規定による国会等の移転に関する法律第十五条第六項及び地方分権推進法第十三条第四項の改正規定
二十四　第百八条の規定による日本銀行法第二十五条第一項の改正規定
二十五　第百十条の規定による金融再生委員会設置法第九条第一号の改正規定

第四条　この法律の施行前にした行為に対する罰則の適用については、なお従前の例による。

附則　（平成一二年五月一九日法律第七一号）　抄

（施行期日）

第一条　この法律は、公布の日から施行する。

（中央省庁等改革のための国の行政組織関係法律の整備等に関する法律の一部改正）

第三条　中央省庁等改革のための国の行政組織関係法律の整備等に関する法律(平成十一年法律第百二号)の一部を次のように改正する。第二十六条の次に次の一条を加える。

（地方分権推進法の一部改正）

第二十六条の二　地方分権推進法（平成七年法律第九十六号）の一部を次のように改正する。第九条中「総理府」を「内閣府」に改める。

第十一条の見出しを「（国会への報告）」に改め、同条第一項を削り、同条第二項を同条とする。　附則第十二条の次に次の一条を加える。

（地方分権推進法の一部改正に伴う経過措置）

第十二条の二　この法律の施行の際現に従前の総理府の地方分権推進委員会の委員である者は、この法律の施行の日に、第二十六条の二の規定による改正後の地方分権推進法（次項において「新地方分権推進法」という。）第十三条第一項の規定により、内閣府の地方分権推進委員会の委員として任命されたものとみなす。

２　この法律の施行の際現に従前の総理府の地方分権推進委員会の委員長である者は、この法律の施行の日に、新地方分権推進法第十四条第一項の規定により、内閣府の地方分権推進委員会の委員長として定められたものとみなす。

附錄四：
地方分權改革推進法（2006 年公布）

地方分権改革推進法

公布：平成１８年１２月１５日法律第１１１号
施行：平成１９年４月１日
（附則ただし書：平成１８年１２月１５日）

目次

第一章　総則

（目的）

第一条　この法律は、国民がゆとりと豊かさを実感し、安心して暮らすことのできる社会を実現することの緊要性にかんがみ、旧地方分権推進法（平成七年法律第九十六号）等に基づいて行われた地方分権の推進の成果を踏まえ、地方分権改革（この法律の規定に基づいて行われる地方分権に関する改革をいう。以下同じ。）の推進について、基本理念並びに国及び地方公共団体の責務を明らかにするとともに、地方分権改革の推進に関する施策の基本となる事項を定め、並びに必要な体制を整備することにより、地方分権改革を総合的かつ計画的に推進することを目的とする。

（地方分権改革の推進に関する基本理念）
第二条　地方分権改革の推進は、国及び地方公共団体が共通の目的である国民福祉の増進に向かって相互に協力する関係にあることを踏まえ、それぞれが分担すべき役割を明確にし、地方公共団体の自主性及び自立性を高めることによって、地方公共団体が自らの判断と責任において行政を運営することを促進し、もって個性豊かで活力に満ちた地域社会の実現を図ることを基本として行われるものとする。

（国及び地方公共団体の責務）
第三条　国は、前条に定める地方分権改革の推進に関する基本理念にのっとり、地方分権改革を集中的かつ一体的に推進するために必要な体制を整備するとともに、地方分権改革の推進に関する施策を総合的に策定し、及びこれを実施する責務を有する。
２　地方公共団体は、国の地方分権改革の推進に関する施策の推進に呼応し、及び並行して、その行政運営の改善及び充実に係る施策を推進する責務を有する。
３　国及び地方公共団体は、地方分権改革の推進に伴い、国及び地方公共団体を通じた行政の簡素化及び効率化を推進する責務を有する。

（国と地方公共団体との連絡等）

第四条　国は、地方分権改革の推進に関する施策の推進に当たっては、地方公共団体の立場を尊重し、これと密接に連絡するとともに、地方分権改革の推進に関する国民の関心と理解を深めるよう適切な措置を講ずるものとする。

第二章　地方分権改革の推進に関する基本方針

（地方分権改革の推進に関する国の施策）

第五条　国は、国際社会における国家としての存立にかかわる事務、全国的に統一して定めることが望ましい国民の諸活動若しくは地方自治に関する基本的な準則に関する事務又は全国的な規模で若しくは全国的な視点に立って行わなければならない施策及び事業の実施その他の国が本来果たすべき役割を重点的に担い、住民に身近な行政はできる限り地方公共団体にゆだねることを基本として、行政の各分野において地方公共団体との間で適切に役割を分担することとなるよう、地方公共団体への権限の移譲を推進するとともに、地方公共団体に対する事務の処理又はその方法の義務付け及び地方自治法（昭和二十二年法律第六十七号）第二百四十五条に規定する普通地方公共団体に対する国又は都道府県の関与の整理及び合理化その他所要の措置を講ずるものとする。

２　前項に規定する措置を講ずるに当たっては、地方公共団体の自主性及び自立性が十分に発揮されるようにしなければならない。

（財政上の措置の在り方の検討）

第六条　国は、地方公共団体が事務及び事業を自主的かつ自立的に執行できるよう、国と地方公共団体との役割分担に応じた地方税財源の充実確保等の観点から、前条第一項に規定する措置に応じ、地方公共団体に対する国の負担金、補助金等の支出金、地方交付税、国と地方公共団体の税源配分等の財政上の措置の在り方について検討を行うものとする。

（地方公共団体の行政体制の整備及び確立）

第七条　地方公共団体は、行政及び財政の改革を推進するとともに、行政の公正の確保及び透明性の向上並びに住民参加の充実のための措置その他の必要な措置を講ずることにより、地方分権改革の推進に応じた地方公共団体の行政体制の整備及び確立を図るものとする。

２　国は、前項の地方公共団体の行政体制の整備及び確立に資するため、地方公共団体に対し必要な支援を行うものとする。

第三章　地方分権改革推進計画

第八条　政府は、地方分権改革の推進に関する施策の総合的かつ計画的な推進を図るため、前章に定める地方分権改革の推進に関する基本方針に即し、講ずべき必要な法制上又は財政上の措置その他の措置を定めた地方分権改革推進計画を作成しなければならない。

２　内閣総理大臣は、地方分権改革推進計画の案を作成し、閣議の決定を求めなければならない。

3　政府は、地方分権改革推進計画を作成したときは、遅滞なく、これを国会に報告するとともに、その要旨を公表しなければならない。

第四章　地方分権改革推進委員

（設置）

第九条　内閣府に、地方分権改革推進委員会（以下「委員会」という。）を置く。

（所掌事務等）

第十条　委員会は、この法律に定める地方分権改革の推進に関する基本的事項について調査審議し、その結果に基づいて、第八条に規定する地方分権改革推進計画の作成のための具体的な指針を内閣総理大臣に勧告するものとする。

2　委員会は、必要があると認めるときは、地方分権改革の推進に関する重要事項について、内閣総理大臣に意見を述べることができる。

3　内閣総理大臣は、第一項の勧告を受けたときは、これを国会に報告するものとする。

（組織）

第十一条　委員会は、委員七人をもって組織する。

2　委員は、非常勤とする。

（委員の任命）

第十二条　委員は、優れた識見を有する者のうちから、両議院の同意を得て、内閣総理大臣が任命する。

２　前項の場合において、国会の閉会又は衆議院の解散のために両議院の同意を得ることができないときは、内閣総理大臣は、同項の規定にかかわらず、同項に定める資格を有する者のうちから、委員を任命することができる。

３　前項の場合においては、任命後最初の国会で両議院の事後の承認を得なければならない。この場合において、両議院の事後の承認が得られないときは、内閣総理大臣は、直ちにその委員を罷免しなければならない。

（委員の罷免）

第十三条　内閣総理大臣は、委員が心身の故障のため職務の執行ができないと認めるとき、又は委員に職務上の義務違反その他委員たるに適しない非行があると認めるときは、両議院の同意を得て、その委員を罷免することができる。

（委員の秘密保持義務）

第十四条　委員は、職務上知ることができた秘密を漏らしてはならない。その職を退いた後も同様とする。

（委員長）

第十五条　委員会に委員長を置き、委員の互選によりこれを定める。

２　委員長は、会務を総理し、委員会を代表する。

３　委員長に事故があるときは、あらかじめその指名する委員が、その職務を代理する。

（資料の提出その他の協力等）

第十六条　委員会は、その所掌事務を遂行するため必要があると認めるときは、行政機関及び地方公共団体の長に対して、資料の提出、意見の表明、説明その他の必要な協力を求めることができる。

２　委員会は、その所掌事務を遂行するため特に必要があると認めるときは、行政機関及び地方公共団体の業務の運営状況を調査し、又は委員にこれを調査させることができる。

３　委員会は、その所掌事務を遂行するため特に必要があると認めるときは、第一項に規定する者以外の者に対しても、必要な協力を依頼することができる。

（事務局）

第十七条　委員会の事務を処理させるため、委員会に事務局を置く。

２　事務局に、事務局長のほか、所要の職員を置く。

３　事務局長は、委員長の命を受けて、局務を掌理する。

（政令への委任）

第十八条　この法律に定めるもののほか､委員会に関し必要な事項は、政令で定める。

附　則

（施行期日）

第一条　この法律は､公布の日から起算して六月を超えない範囲内において政令で定める日から施行する。ただし、第十二条第一項中両議院の同意を得ることに関する部分は、公布の日から施行する。

（特別職の職員の給与に関する法律の一部改正）

第二条　特別職の職員の給与に関する法律（昭和二十四年法律第二百五十二号）の一部を次のように改正する。

　第一条第五十七号の二の次に次の一号を加える。

　五十七の三　地方分権改革推進委員会委員

　[第三条　内閣府設置法（平成十一年法律第八十九号）の一部改正]

（この法律の失効）

第四条　この法律は､附則第一条の政令で定める日から起算して三年を経過した日にその効力を失う。

國家圖書館出版品預行編目資料

從中央支配到地方自主——日本地方分權改革的軌跡與省思 / 陳建仁作 -- 初版. -- 臺北縣永和市：Airiti Press,

2010.12

面；公分

ISBN 978-986-6286-32-2 (平裝)

1. 地方自治 2. 日本

575.19931 99024367

從中央支配到地方自主
——日本地方分權改革的軌跡與省思

著作／陳建仁
出版單位／Airiti Press Inc.
總編輯／陳建安
主編／古曉凌
執行編輯／鄭家文
封面編輯／吳雅瑜
發行單位／Airiti Press Inc.
新北市永和區成功路一段 80 號 18 樓
訂購方式／華藝數位股份有限公司
戶名：華藝數位股份有限公司
銀行：國泰世華銀行 中和分行
帳號：045039022102
電話：(02)2926-6006 傳真：(02)2231-7711
服務信箱：press@airiti.com
法律顧問／立暘法律事務所 歐宇倫律師
ISBN／978-986-6286-32-2
出版日期／2011 年 3 月二版
定價／新台幣 450 元